保育の内容・方法を知る

◆編集委員◆民秋 言・小田 豊・枅尾 勲・無藤 隆

新 保育 ライブラリ

障害児保育 [新版]

渡部信一・本郷一夫・無藤 隆 編著

北大路書房

正誤表

『新保育ライブラリ 障害児保育 [新版]』 ISBN 978-4-7628-2836-2

頁	行	誤	正
149	16	新しい保育所保育指針にも	保育所保育指針にも
152	下から7	とくに新しい保育所保育指針	とくに保育所保育指針
			本文訂正以上 他、奥付に変更あり

平素より弊社書籍をお引き立ていただき厚く御礼申し上げます。

本書におきまして、一部、誤りの箇所がございました。

上記の正誤内容をご確認いただきますようお願い申し上げます。

ご愛読の皆さまには、ご迷惑をおかけしたことを深くお詫び申し上げます。

編集委員のことば

　本シリーズは，好評をいただいた「保育ライブラリ」の全面改訂に基づく新たなものです。幼稚園教育要領の改訂および保育所保育指針の改定をよい機会として，記述として足りない点や補うべき点について大幅に手を入れ，新たな版としました。

　それはまさに時宜を得たものでもあります。今ほど，保育・幼児教育を囲む制度や社会・政治の情勢が激変しつつある時期はなく，まさに確かな方向性を持った提言と指針が求められているからです。保育の重要性の認識は広がってきており，養成を通して力量のある保育者を送り出すことが必要であり，また現職の方々の研修に力を注ぐようになりました。そのためのテキストが本シリーズの目指すところです。

　何より，保育・幼児教育の公共的使命が明確になってきました。もはや保育所は子どもを預かってくれさえすればよいなどと誰も言わないでしょう。また幼稚園は子どもが楽しく過ごしていればよいので，教育は小学校から始まるとも言わなくなりました。

　そこにおいて特に大きく寄与したのは，保育士の国家資格化と保育所保育指針の告示化です。保育士・保育所の仕事についての社会的な認知が進んだことの表れです。またそれを通して，幼稚園教諭と幼稚園に対して保育士と保育園が対等に位置づけられたことも見逃せません。幼稚園教育要領は従来から大臣告示であり，幼稚園教諭免許は国による資格であり，それと同等になったのです。

　保育所保育指針において保育所の保育は養護と教育を一体的に進めるものとして定義されています。そこで言う教育とは幼稚園と同様のことであり，幼稚園教育要領と対応した記述になっています。それが告示とされ，つまりは法令として扱われることで法的な義務づけとされることとなっています。ですから，今後，幼児教育の施設は幼稚園と保育所の双方が該当することになりました。

　一方，幼稚園の学校教育全体での位置付けも強固なものとなりました。学校教育法の改正により幼稚園は学校種の最初に来るものとして重視され，その目的や目標も「義務教育及びその後の教育の基礎を培う」ものとして，人格形成

の基盤を育てることがはっきりとしました。なお，この規定はさらに教育基本法第11条の「幼児期の教育」の明記により裏付けられており，そこでは幼稚園と保育所が家庭・地域と連携して進めるという趣旨が述べられています。ですから，学校教育法の幼稚園の記述は保育所にも準用されると解釈されます。

　児童福祉法も保育所保育を支える方向で改正され，さらに次世代育成支援計画の策定が地域に義務づけられる中で保育所の児童福祉に占める位置が大きなものとなりました。虐待防止のための要保護児童対策地域協議会の大事な構成員ともなっています。

　保育士の業務として子どもを保育することと共に，家庭への支援が含められたことも大きな意味があり，それが保育所保育指針での保護者視点の詳細化につながり，並行して，幼稚園教育要領でも保護者との連携や子育て支援が明確に記されました。子育て支援が幼保双方にとって大きな課題となっているのです。

　以上のことから，幼稚園教諭・保育士の仕事は広がりつつ，さらなる質の高さを求められるようになっています。従来にも増して，養成校への期待は大きく，そこで優れたテキストが必要となることは明らかです。

　本シリーズはそのニーズに応えるために企画され，改訂されています。中心となる編集委員4名（民秋，小田，栃尾，無藤）が全体の構成や個別の巻の編集に責任を持っています。なお，この間，栃尾氏は残念ながら逝去され，残された3人は，その遺志を継ぐべく努力したいと思っています。

　本シリーズの特徴は次の通りです。第一に，実践と理論を結びつけることです。実践事例を豊富に入れ込んでいます。同時に，理論的な意味づけを明確にするようにしました。第二に，養成校の授業で使いやすくすることです。授業の補助として，必要な情報を確実に盛り込み，学生にとって学びやすい材料や説明としています。第三に，上記に説明したような国の方針や施策，また社会情勢の変化に対応させ，現場の保育に生かせるよう工夫してあります。

　実際にテキストとして授業で使い，また参考書として読まれることを願っています。ご感想・ご意見を頂戴できるなら，それを次の改訂に生かしていきたいと思います。

　　　　　　　　　　　2008年12月　民秋　言・小田　豊・栃尾　勲・無藤　隆

はじめに

　現在，さまざまな障害をもつ子どもたちが幼稚園や保育所において地域の子どもたちとともに生活している。これは，本当にすばらしいことだと思う。一昔前，障害をもった子どもたちは，家のなかで一日を過ごさなければならなかった。時代とともに専門の治療教育施設も充実し，障害を改善するための「訓練」に通うこともできるようになった。しかし，一生懸命「訓練」に通うことによって地域の子どもたちとともに過ごす時間がなくなる。これで本当に，子どもたちはのびのびと育ってくれるのだろうか，という親たちの疑問が浮き上がってきた。そして近年，障害があっても地域の子どもたちとともに幼稚園や保育所において生活する子どもが増えてきた。専門的な指導と地域での保育をバランスよく取り入れることが，可能になってきたのである。

　さらに，地域の子どもたちといっしょに遊んだり勉強することが，専門的な訓練とは違った意味で障害の改善につながることも，最近明らかになってきた。障害児たちは，地域の幼稚園や保育所で，障害を改善しつつ集団のなかで生きていく力を獲得している。幼児期における子ども集団の刺激は，どのような障害をもっている子どもにとっても，育っていくときに不可欠なものである。そして，それを支援していくことが「保育」の大きな仕事のひとつである。

　本書は，将来幼稚園教諭や保育士をめざす人を対象として書かれている。また，現在すでに幼稚園教諭や保育士として日々の実践に携わっている人が，「障害児保育」について改めて学ぶためにも役立つだろう。

　第1章から第3章までは，障害児保育についての入り口である。第1章では，障害児保育とは何かについてわかりやすく解説する。第2章では，障害児保育の歴史をふり返り，その理念について概観する。第3章では，どのような子どもが障害児保育の対象となるのかについて示すとともに，その障害の特徴について解説する。

　第4章から第9章までは，障害児保育の方法と計画についてを実践的に学ぶ。第4章では，障害児の生活に関する保育方法を，長年現場で障害児の保育に携わってきた経験に基づき執筆してもらった。第5章から第8章までは，現場で

出会うことの多い障害をもつ子どもたちについて少し詳しく学ぶ。第5章では知的遅れのある子どもの保育，第6章ではからだの不自由な子ども・病気がちな子どもの保育，第7章では行動や情動の調整のむずかしい子どもの保育，第8章では言葉の遅れのある子どもの保育について解説した。第9章では，園での保育計画に関して総括的にまとめている。

第10章から第12章までは，家庭や地域との連携について学ぶ。第10章では，児童相談所や発達相談支援センターなど障害児保育に関する関連機関との連携について解説する。第11章では，障害児をもつ保護者に対して，保育士としてどのような支援が可能かについて示す。そして第12章では，実際に保護者の声に耳を傾けることによって，この本のなかで学んできた知識を復習する。

たしかに，幼稚園や保育所のなかで障害児保育を実践していくことは，けっして簡単なことではない。しかし，障害児を子ども集団のなかで保育することにより，障害児自身の発達がうながされるのはもちろん，まわりの子どもたちにとっても非常に有益な経験になる。1つでも多くの幼稚園や保育所から，障害をもった子どもたちと障害をもたない子どもたちの笑い声が聞こえてくることを願ってやまない。

最後になったが，本書の出版にあたりお世話になった，北大路書房編集部の北川芳美さんに厚くお礼を申し上げたい。

2004年12月

本書は，2005年に発刊して以来，多くの方々にご利用いただき高評をいただいています。

2009年には，法制度の改正，とくに新しい「幼稚園教育要領」「保育所保育指針」の内容・変更点などに対応した記述・内容にし，それと同時に本書全体を見直して「魅力アップ」を図りました。さらに，2011年施行の保育士養成カリキュラムにも対応させています。

最新の知識・情報をご活用いただければ幸いです。

2011年1月　編者を代表して　渡部信一

はじめに

　この度，2011（平成23）年の保育士養成カリキュラムに対応した改版より3年を経て，『障害児保育［新版］』を発刊することになった。この間，内閣府を中心にして「共生社会政策」が推進されており，年齢や性別，障害の有無等にかかわりなく安全に安心して暮らせる社会の構築に向けて，福祉・保育・教育をめぐる情勢はめまぐるしく変化しつつある。

　特に，2012（平成24）年においては，一方で障害者総合支援法が公布され，国連の「障害者権利条約」の批准に向けて障害者政策が推進されるとともに，他方では，いわゆる「子ども・子育て関連3法」が公布され，子ども・子育て支援の新制度の施行に向けて，児童福祉法等の関連法律が大きく改正されている（「障害者権利条約」は2014年に批准された）。

　本書はそれらの動向を踏まえ，最新の情報を加筆した。本書がこれから保育者として現場へ向かう，あるいは既に保育者として現場で日々子どもと接している方に役立てていただければ幸いである。

　　　　　　　　　　　　　　　　　　2014年2月　編者を代表して　渡部信一

もくじ

編集委員のことば
はじめに

第1部　障害児保育とは

第1章　障害児保育とは ……………………………………………………… 3
- 1節　生活をともにすること ……………………………………… 4
- 2節　かかわりを広げること ……………………………………… 5
- 3節　対象にふさわしいかかわりを可能にすること …………… 6
- 4節　他の子どもとのつきあいを可能にすること ……………… 7
- 5節　障害の世界の狭さと独自なかかわり ……………………… 8
- 6節　障害を二次的に悪化させることを防ぐ …………………… 9
- 7節　特別なはたらきかけと日常の生活 ………………………… 10
- 8節　まわりの子どもへの意義 …………………………………… 11
- 9節　親への対応と子育て支援 …………………………………… 12

第2章　障害児保育の歴史と理念 ……………………………………… 17
- 1節　萌芽期の障害児保育 ………………………………………… 18
  - 1．戦前の障害児保育　18
  - 2．昭和20年代の障害児保育　19
  - 3．昭和30年代の障害児保育　20
- 2節　発展・充実期の障害児保育 ………………………………… 21
  - 1．昭和40年代の障害児保育　21
  - 2．昭和50年代の障害児保育　23
- 3節　社会福祉基礎構造改革と障害児保育 ……………………… 25
  - 1．社会福祉基礎構造改革　25
  - 2．障害児保育の現状　27

第3章　障害児保育の対象とその特徴 ………………………………… 33
- 1節　「障害児保育」の対象となる子どもたちを取り巻く状況 …… 34
  - 1．制度的側面からとらえた「障害児保育」の対象　34
  - 2．幼稚園・保育所に入ってくる前の子どもたちの状況　37
- 2節　さまざまな行動特性を示す子どもたち …………………… 38
  - 1．子どもの示す行動特性をどのように理解するか　38
  - 2．「障害児保育」で出会う子どもたちの特徴とは　40

第2部　障害児保育の方法と計画

第4章　障害児の生活に関する保育方法 …… 47
- 1節── 障害児保育の目標とその形態 …… 48
  1．障害児保育の目標　48
  2．障害児保育の形態　48
- 2節── 統合保育の実際 …… 52
  1．特別な保育ニーズの把握　53
  2．保育者間の連携　55
  3．障害の特性に応じた援助　57
  4．保護者との連携　61

第5章　知的遅れのある子どもの保育 …… 65
- 1節── 知的発達のアセスメント …… 66
  1．行動観察に基づくアセスメント　66
  2．課題の実施に基づくアセスメント　66
- 2節── 知的遅れのある子どもの心理的特徴 …… 68
- 3節── 発達支援の視点 …… 73

第6章　からだの不自由な子ども・病気がちな子どもの保育 …… 77
- 1節── からだの不自由な子ども・病気がちな子どもとは …… 78
- 2節── 運動障害・病弱の子どもと幼稚園・保育所の役割 …… 78
  1．園の生活と運動障害・病気の事例　79
  2．「子どもらしさの制限」としての運動障害・病弱　82
  3．幼稚園・保育所の役割は何か　83
- 3節── 保育の実践 …… 84
  1．保育実践の視点　84
  2．保育実践の事例　84
- 4節── 「同じ生活」と「いっしょの生活」のちがいを考える …… 87

第7章　行動と情動の調整のむずかしい子ども …… 89
- 1節── 自制心の発達 …… 90
  1．情動の調整　90

　　　2．パニック：状態Aから状態Bへの移行　　92
2節──虐待を受けた子ども……………………………………………………… 93
　　　1．虐待を受けた子どもの実態　　93
　　　2．保育者が取り組むこと　　94
3節──気になる子どもと発達障害児……………………………………………… 96
4節──状態Aを豊かに育てる……………………………………………………… 97

第8章　言葉の遅れのある子どもの保育 …………………………………… 101

1節──言葉の発達とその障害……………………………………………………… 102
　　　1．言語発達の規定因　　102
　　　2．言語の3領域　　103
　　　3．言語障害の臨床像　　103
　　　4．個人差か障害か　　104
2節──保育環境と言葉の育ち……………………………………………………… 104
　　　1．生活のなかに組み込まれたスクリプト　　105
　　　2．子どもどうしの日常的出会い　　106
　　　3．語り（narrative）　　106
3節──生活のなかでの言葉の支援………………………………………………… 107
　　　1．言葉を育てる豊かな生活経験　　107
　　　2．生活のなかでの言葉の発達支援　　107
4節──言葉を育てる保育支援……………………………………………………… 108
　　　1．やりとりを育てる　　108
　　　2．言語獲得初期にある子どもを育てる　　108
5節──会話と語りを育てる保育支援……………………………………………… 110
　　　1．意図的コミュニケーションの学び　　111
　　　2．語りを育てる保育　　111

第9章　園での保育の計画 ………………………………………………………… 115

1節──保育の計画とは……………………………………………………………… 116
　　　1．保育の計画の背景　　116
　　　2．保育の計画の立案の流れ　　116
　　　3．子どもを理解する手がかり　　117
2節──保育ニーズをとらえる……………………………………………………… 120
　　　1．子どもの状態について　　120

　　　2．物的・人的環境　121
3節──保育目標を設定する……………………………………………………………… 122
　　　1．子どもの行動の要因と背景　122
　　　2．保育目標　123
4節──指導計画を立案する………………………………………………………………… 124
　　　1．子どもに対する対応　124
　　　2．園内環境の整備　125
　　　3．連携体制　125

第3部　家庭・地域との連携

第10章　障害児保育に関する関連機関との連携・協働 ………………**131**

1節──療育システムと障害児保育……………………………………………………… 132
　　　1．障害児保育の属する療育システム　132
　　　2．障害児保育における関連機関との連携　133
2節──関連機関との連携・協働のために……………………………………………… 134
　　　1．支援プランの共有化　134
　　　2．連携・協働を可能とする療育システムと保育者の役割　135
3節──コンサルテーションとケアマネジメント……………………………………… 137
　　　1．連携・協働することの意義　137
　　　2．連携する方法　138

第11章　障害のある子どもの保護者への支援 …………………………**143**

1節──なぜ障害のある子どもをもつ保護者を支援するのか………………………… 144
　　　1．今日の子育て状況　144
　　　2．障害のある子どもをもつ保護者の子育て　144
　　　3．障害のある子どもをもつ保護者支援とは　145
2節──日常的なコミュニケーションをとおして保護者を理解する………………… 145
　　　1．子どもの障害に対する複雑な思い　145
　　　2．子育て感情のゆれ　147
　　　3．子どものことから，自分のこと，そして社会のこと　148
3節──個別に保護者を支援する際に求められること──保護者の隠れたニーズの発見 …… 149
4節──保育の専門性を保護者支援に生かす──保護者の家庭での過ごし方に対する助言を例に …… 151
5節──みんなで支援する………………………………………………………………… 152

1．保育者集団として支援する　152
 2．地域とのつながりを想定した支援　153

第12章　保護者の声から学ぶ……157
1節　障害児の正しい理解……158
 1．障害児をわが子にもつということ　158
 2．子どもや親を否定する言葉は厳禁　158
 3．専門書を賢く読む　159
2節　障害児に対する保育……159
 1．健常児と違うところを探すよりも同じところを探す　159
 2．園で「できること」，家庭で「できること」　160
 3．障害があっても特別扱いはしない　160
 4．よい集団づくりが一番の仕事　161
3節　保護者との連携……162
 1．保護者の要望に耳を傾ける　162
 2．保護者との二人三脚　163

Column
1　「統合保育」について　15
2　障害のある人の権利に関する条約と合理的配慮　31
3　絵本に描かれる「障害」のある子ども　44
4　にわとりとぼく　64
5　アセスメントと障害　76
6　医療的に配慮を必要とする子どもと幼稚園　88
7　障害児の統合保育と巡回相談　99
8　言葉の発達で気になる子どもを見逃さないために　113
9　特別支援教育と障害児保育　128
10　ネットワークのなかで　142
11　レスパイトサービス　155
12　発信を始めた障害児をもつ母親たち　165

付録　「障害児保育」に求められる新たな方向　167
引用（参考）文献　175
索引　179

第1部 障害児保育とは

第1章 障害児保育とは

　保育所や幼稚園でいわゆる健常な子どもの保育のなかに障害のある子どもを受け入れる場合について，その要点を述べたい。

　障害のある子どもの超早期教育は乳児期から始められることもある。少なくとも，障害があることや，その性質などが早期にわかれば，多少とも教育的な手だてを講じたり，親が子どもにかかわる場合の配慮すべき点などがあるだろう。だがその場合でも，障害児教育の専門家にすべてを委ねてしまうより，療育機関において教育を行なうとともに，保育所に子どもを預けることも多いだろう。その保育の要点は，健常な子どもも障害のある子どもも共通したところがある。

　そこには，障害のある子どもにとっての問題と，その家族，またまわりの健常の仲間，さらには保育者自身にとっての課題があり，プラスの意義があることを忘れてはならない。

節　生活をともにすること

　保育とは，保育者が子どもたちと毎日のように長く生活をともにしつつ，長い目で見ての育ちを可能にしていくことである。ともに暮らすなかには，生活習慣に類する食事・排泄・昼寝などがある。幼児にとって，身のまわりのものを使って遊ぶとか，親しい人といっしょに楽しいことをすることなども生活の一部である。

　ある程度の長い時間，毎日のように，同じ時間帯に，同じ場所で，同じ相手と，同じようなものを使って，というのがまず生活を構成するものである。決まりきった手順（ルーティン）が成り立ち，それをくり返せば，毎日が無事に過ごせる（生活のとらえ方については，無藤，1992 を参照）。

　とはいえ，それはまったくのくり返しではない。毎日何かしら前の日とは違う新しいことが起こる。天候も異なり，季節が動いていく。遊具も少しずつ入れ替えられる。給食の中身も変わるだろう。

　それ以上に，人がかかわり，そこに同じ人であっても，少しずつ異なる何かが生じる。気分が変動し，考えや思いも新たなものとなる。似た活動をしていても，そのつど，表情も動きも異なる。まして大勢がいれば，変化の程度は大きなものになる。

　生活のなかでは，子どもの心理的な側面のすべてが少しずつ関与している。知的な面でも，社会的にも，感情面でも，そのすべてが関係しつつ，心理面と相互作用を起こしていく。さらに，具体的な活動と，その活動が生じるものや人がある場との関連のなかで，心理面の変動が生じて，新たな変化を被ることになる。そこに発達の契機もあるが，しかし，生活にあってはそれ自体が活動の目的となるわけではなく，活動のなかにいわば埋め込まれて生じている。

　子どもは何より，そういった具体的な活動と，そこでのものや人とのかかわりになじんでいく。具体的な活動ができるようになるとともに，そこにある種の遂行の感覚が生まれる。相手との親密な関係も，その活動と連動しつつ成り立っていく。

　そういった生活になじむ過程は，健常であろうと，障害があろうと，同じはずである。障害があるために活動へのフル参加は阻害されるのだが，しかし，

活動と無関係にいるというわけではない。とくに，ごく日常の衣食住や子どもどうしのあそびなどは，かなり知的な困難があったとしても，何がしかの参与は可能である。そのなじみが，将来の社会生活の基盤を形成する。その基盤の形成に入り込むことで初めて，教育的なはたらきかけは，日常生活に生きてはたらく，意味のある作用となる。

2節 かかわりを広げること

　保育は，子どもの家庭を中心とした狭い経験の世界から，世の中にあるさまざまなものごとへのかかわりを可能にし，広げていく（本吉・無藤，2004）。身のまわりにおいてもいろいろなものがあり，さまざまな人がいる。その一つひとつには独自の意味があり，独特のかかわり方を求めてくる。それは，実際に一つひとつに出会い，そこで活動することでかかわり方がなじんでくる。組織的な指導は，そのなじみがあって，そのうえに成り立つことなのである。

　障害があるということは，かかわりの範囲も程度も狭くなるということである。じょうずにかかわれないからこそ「障害」とよぶのである。しかし，じょうずではないにしても，多くの場合にかかわることが不可能だというのではない。とくに，身体的なかかわり方を行なうような，昔からあるものや生き物や人へのかかわりは，障害があっても何がしかのことは可能である。きちんとできるという意味ではなく，そこでふれ合いがあり，何かつながりができるということである。たとえば，ウサギにふれるということでは，その子どもなりのかかわりがあり，経験をすればよいのである。そこでしっかりとかかわるとか，適切にできるようにするということが目的ではない。

　とはいえ，ほとんど他のものにかかわることなく，お気に入りの何かにもっぱら関与しているだけかもしれない。そこで，そこから離して，他のいろいろなことにかかわらせ，気づかせようとがんばらなくてもよい。何かの存在に気づき，まわりの雰囲気に違いが生まれていることが感じ取れればよい。

　健常な子どもは幼児期に世の中のさまざまなものの存在がわかり，そこでどうかかわるとおもしろいかが見えてくる。障害のある子どもは，他の子どもがかかわっているときに，そばにいつつ，それに誘われて，かかわることがある

のだという感覚をぼんやりとしてであれいだくだろう。

　いずれにせよ，少しでもかかわるものが広がり，たくさんの種類になっていくほうが望ましい。食べ物の味わいにしても，ものを操作する際の手の動きにしても（叩く・ねじるなど），ものに応じてさまざまな動きがあり，経験があるのである。実際に活動することを通して，その経験の多様性を可能にしたい。

3節 対象にふさわしいかかわりを可能にすること

　わずかでもよいので，その対象にふさわしいかかわり方を導いていく。保育の要点は，子どもと対象をつなぎ，対象にふさわしいかかわり方を可能にしていくところにある。ウサギならウサギにふさわしい抱き方や世話のしかたをする。ハサミはその用途にあった使い方をする。

　その一方で，相手・対象にかかわって，子どもの心に染み入り，根を下ろしていくようになってほしい。その子どもなりのおもしろさがあり，感動が成立する。いわばかかわりの関係が，一方で，対象に向けて伸びていき，他では得られない独自のかかわりを強化していく。その一方で，自分の側に根を下ろし，自分にとってその対象が独特の手ざわりとあり方をもたらすようになる。

　つまり，社会的にまた機能的に正しい使い方をするといったことをただちにまた厳密に求めることは，障害のある子どもの場合には適切ではない。その対象と子どもとの関係に注目し，そこに他では得がたい独自のかかわりをつくり出していっていることが大事なのである。子どもがそれを好きになる，独特の使い方をする，その活動で生き生きとする，といったことに意味がある。

　だが，その一方で，どうやってかかわる対象の幅を広げるか，またかかわったときにふさわしい使い方や関係のあり方になるかについて，常に配慮することが必要である。使い方の見本を示す。他の子どもが使っているようすが見られるようにする。時に，具体的なスモールステップの指導もあってよい。そういった「取り出し指導」をする場合でも，そのものへのかかわりを狭くすることはねらいではない。子どもなりのかかわりをさらに続けるなら，安全が保たれる限り，認めていくほうがよい。そのうえで，かかわりのあり方を少しでも広げるのである。

子どもが対象とかかわるときの関係の「深さ」について，どうやって保育者が見取っていくかには，保育者にかなりの丁寧さと経験とが求められる。ある奇妙とも思える行動を子どもがとったときに，その経験の意味を問わなければならない。なぜそうしたかはわからない。しかし，その経験がどのようなものであるのかは，注意深く観察することを通して，想像することはできる。その想像を，ともに活動することを通して保育者は確かめていくのである。

4節 他の子どもとのつきあいを可能にすること

　障害のある子どもと健常な子どもがともにいる空間が保育の場である。そこで，その子どもたちが互いに交流し，仲間となっていくことを期待するだろう。だが，実際には，それはなかなかむずかしい。小さな子どもであるだけに，相手に配慮することは少ないし，相手のわかりにくい言葉や発声や身ぶりや動きを適切に解釈して合わせることはしない。

　だが，その一方で，ちょっとしたしぐさや表情に敏感に反応し，応答するのも小さな子どもの特徴である。同じような動きをすることで，親密な関係が生まれていく（砂上・無藤，2002）。それが長続きはしないとしても，その瞬間の感情の交流は子どもを結びつけ，心を少し開くだろう。そういった小さなエピソードがクラスの何人もの子どもとの間に生まれることで，クラスは見知らぬ，得体の知れない人たちの集まりではなく，親しみのある，何となくどんなことをしそうか，どんなときに笑顔が生まれるのかなどの感じがつかめるようになる。

　相手の心や考えをきちんと理解しているとか，波長が正しく合っているというのではない。しかしそれでも，時に，すれ違いばかりではなくお互いに気持ちが向かい合う瞬間が生まれ，交流が生じる。そのことが可能であるためには，ただ，クラスに大勢が暮らしていればそうなるというわけではない。子どもたち一人ひとりの気持ちの落ち着きが基本にあることが必要である。ゆったりと生活し，満足がいくあそびが可能となっている。ふと，目を横に向け，この子は何をしているのだろうか，と思いやるようになる。よくわからないけれども，受けとめつつ，わかるところで返してみる。そこから一瞬生まれる交流を取り

入れ，味わってみる。

　障害があるとは，そういった交流が妨げられているということである。だが，それは交流の可能性がゼロということを意味しない。わずかであれ，ある時に成り立つ交流を広げていくのは，子ども自身であるのだが，その準備と環境を整えるのは保育者の仕事である。子どものささやかな声や表情のちょっとした変化や身ぶりのわずかな揺らぎに目をとめるだけのゆとりと観察眼を保育者がもち，その気づきを表わしていくことは，まわりの子どもたちを，子どもどうしの関係に巻き込んでいく力がある。それなしに，自動的に関係が成り立つと思ってしまうと，かえって，疎外された関係をつくり出してしまう。

5節 障害の世界の狭さと独自なかかわり

　障害があるとは，脳神経系の障害であれ，さらに運動系の障害が加わるにせよ，まわりのものごとや他者との関係をうまく結びにくくして，そのために発達の過程が損なわれ，また，自分自身との関係自体が形成されにくくなることである（無藤，2002）。だが，再三述べてきたように，それは必ずしもまったく不可能だということではない。狭く，偏ってはいても，まわりとのつながりは可能なのである。

　外側からその子どもに入る刺激に偏りがあり，外からその子どもの心に通じるやり方に制限がある。それもたんに入り口が狭いというより，曲がりくねっていて，なかなか口が見つからないという感じであろうか。ところが不思議なことに，なじんできて，ある程度その子どものことがわかってくると，ただまっすぐに声をかければ通じるという感覚も生まれてくる。おそらく入り方の偏差みたいなものがわかってくるのだろう。

　その狭さ自体を直すことは困難である。ただ，少しずつ狭い入り口からいろいろなものや人に通じる経験を重ねていき，その結果として少しは入り口が広がるのかもしれない。その努力を通して，独自の偏執を弱めていけるようにもなる。ある種の刺激やものへの固執は，おそらく，入り口の狭さからきているのであろう。その狭いところから入り得る，そして，適度に応答可能なものとなるもの，かつ安定してうまくかかわられるものに固執しやすい。だから，応答

性が成り立つものを広げ，丹念に応答して，可能性のレパートリーを広げるのである。

時に，狭いままでいつまでもいて，あるときに急に広がることがある（渡部，2001）。他者の表情や言葉の象徴性に気がつくといった契機がある場合もある。急に意味のある身ぶりが増えるとか，型通りの表現をいろいろな場面で拡張して使うことなどが現われる場合がある。内側で経験を蓄えていて，それが蓄積され，組織化を受けたのであろう。

それがどのようにして起こるかのメカニズムや経験の蓄積のあり方がもっと解明されることが望まれる。脳のはたらきの変化も関連しているのかもしれない。だが，同時に，生活の総合性も関与しているだろう。生活のなかで諸々のことが重なりつつ，つながるがゆえに，1つのことが他のことを呼び起こし，組織化もされていく。

6節　障害を二次的に悪化させることを防ぐ

多くの障害は脳神経系に根拠があるに違いない。それが現実の不便として現われるというのは，生活における適応的な行動への実現のつながりが，通常の環境では可能でないからである。現実の生活場面は，多数の人たちの便宜のためにつくられてきたため，その人たちが生活するなかで適応的にふるまうようになっている。そのため，例外的な脳機能をもっていたりすると，通常の生活場面では不適応の行動を示すことになってしまう。

とはいえ，多くの障害とされることがらは，ごくありきたりの生活場面で出現してしまうように，広範な場面で通常用いられるようなはたらきの困難を生み出すものなのである。それに対して，多少とも配慮があれば，具体的な行動の障害とならないですむようなことも多い。ちょうど，左利きの人にとって左利き用の道具が開発されると，不便がかなり減っていくというようなものである。実際，身体障害の場合にはかなりよい道具が発明されてきている。

したがって，本来の障害と二次的に社会的な対応でつくり出される障害の区別は曖昧であり，時代とともに，その境目が広がってきている。二次的な障害を減らそうという配慮が少しずつその境目を広げ，本来の障害をゼロにはでき

ないまでも，困難の範囲を小さくしていけるのである。

　逆に，対応しだいで，二次的な障害が広がり，本来の障害が過大に見えてくることも多い。実際，困難であるという意味ではそのどちらであれ，当人にはむずかしいことであり，つらく，またまわりの人たちにとっても困った事態を引き起こす。

　「二次的な障害を減らしていく」とは，基本的には，すでに述べた，当人との交流の瞬間を増やしていくことであり，かかわりが可能なものの種類を増やしていくことである。それは，常にふるまい方のようすをうかがいつつ，生活の環境を変えていくことでもあるし，少々のはずれ方には鷹揚に対応して，肝腎の伝えたいことや，やってみたいことに焦点を合わせることでもある。

　当人自身の行動が変わることも必要だが，まわりに理解の程度が増すことと組み合わされないと，有効性は乏しい。障害のあることによる偏りをなくすことはできないのであるが，その意味合いを理解して，意思や思いが通じるルートをつくっていくことはできる。

節　特別なはたらきかけと日常の生活

　生活をともにするなかで障害のある子どもが生活のあり方になじみ，そこで有能とはいえなくても，何とか暮らすすべを覚えていく。だが，同時に，何かの訓練をしたり，技能を教えていくことも必要である。たいせつなことは，その間のつながりをいかにしてつくっていくかにある。

　技能や知識は文脈にある程度依存しつつも，そこから独立して使える面もある。だからこそ，取り出して指導することも可能だし，そこで獲得したものを他の場面で使える。だが，何度も強調してきたように，生活になじむことにより，独立して獲得したものや他の場面で得たものを適用できるようになる。

　そのつながりは，生活の場面で子どもが何かに困ったときに指導して，どうしたらよいかを具体的に教えることにより促進される。そこでは，生活の場面とそこで独立して使い得る技能などを，生活から取り出しつつその場でもどすという密な関係をつくることにより可能となる。また，生活のなかの活動の流れにおいて必要なことを教えつつ，それがどんな要素からできあがっているか

を子どもにみえるようにしていく。

　1人の保育者がその双方を行なうことにより，特別なはたらきかけと日常の生活は密接につながりをもち得る。しかし，別の保育者がおのおのを行なっている場合には，その間の関連性が保育者には見えず，うまくつなげられないかもしれない。年齢が高くなり，また知的に水準が上がれば，当人が関連をつけられるのだろうが，小さいうちはそうはできない。

　たんに生活をともにするだけでもうまくいかないかもしれない。ある種の技能や理解は必要な基礎技能を丹念に練習しつつ，どうやったらよいかを考えて，まとめていく。そのための専門家もいるので，保育者はそうした連携を含めて，プランを練るべきである。その練習は特化してしまうと，おもしろみのないものとなる。素振りの練習のようなもので，大事ではあってもやる気が出ないし，継続できない。

8節　まわりの子どもへの意義

　障害のある子どもがいるクラスの他の健常な子どもにとって，障害のある子どもがもたらす意義とは何だろうか。助けるという経験や，コミュニケーションがやりにくい子どもとの応対の経験はできる。それに加え，視野を広げていくことや，ハンディを負ってがんばっているようすに健常な子どもが胸を打たれたり，励まされたりする。しかし，世話のために労力を取られ，いやがることもある。

　障害があるということは，その子ども独自の対応が必要になるということである。まわりの子どももその独自さを心得て，対応していかねばならない。一人ひとりの個性を丁寧にとらえていくことになる。その点は保育者にとっての大きな課題である。「障害」の概要は診断名で見当がつくが，実際の対応においてはそれぞれがきわめて個性的であり，一人ひとりのようすをよくみていかねばならない。と同時に，変化が遅く，微妙なため，長い時間をかけていくこととともに，一瞬の動きを見逃さない繊細さが必要になる。

　その事情は，子どもどうしでも似たところがある。障害のある子どもの微細な変化や気分や考えの動きやあり方を，よく見知っている隣の席の子どもがよ

く把握していて驚くことがある。それだけ丁寧なかかわりを求められるからであろう。

とはいえ，そういったかかわりを避けてしまう子どもや，荒っぽくしかかかわらない子どもも少なくない。かかわるとしても，一方的に世話するということだけでよいかどうか。その関係に何か発見があり，できれば，健常な子どもの側の自己理解や友だち理解に通じるところが生まれないものだろうか。

たしかに，まだ幼児期ではそういった深い理解はむずかしいかもしれない。たんに隔てなく遊んでいるだけでも十分ともいえる。クラスメートの1人にすぎないといえばその通りである。なかよくなったり，疎遠になったり，いっしょに活動したり，別々に遊んだりなど，その関係の変化は他の友だちとの間柄と同様でよいはずでもある。ただ，実際には，幼児期の終わりくらいになると，どこか「違う」ということを子どもどうしでも感じて，障害のある子どもを別扱いにすることも出てくるのである。それは避けられないのではないだろうか。

同時に，違うけれど，でも，たんにあえて友だちとしてつきあおうとするようにもなる。つきあうことで，その微妙な距離の取り方に苦労もし，それが成長へのステップにもなる。

9節 親への対応と子育て支援

障害のある子どもの保育において，保護者（親）との連携は，健常な子どもの場合以上に，大きな意味がある。まず，親を支えるという作業に大きな意味がある。

障害のある子どもを抱えるということはきわめて重いことである。それ自体，生活に大きな負担をもたらすが，それとともに，将来どうなるかは不確定な面が強い。多くの障害は完治するということがなく，教育的に適応の援助をしていくことが基本のため，親は子どもの生活を支えざるを得ないと覚悟しなければならない。だが，その前に学校生活を無事に過ごせるか，そこで学習は成り立つか，友だちはできるのか，幸せに暮らしてくれるのかと不安に思う。乳幼児期には障害のすべてが確定するわけではないし，程度なども曖昧である。そのため，障害ではないかもしれないとか，ほとんど問題にならない程度かもし

れないという希望ももつ。その希望は揺れ動く気持ちのなかで時に絶望にも変わる。

　保育者はそういった親の揺れ動きを支えて，日々を過ごし，また子どもにとって意味のある対応を持続的に可能にしていくようにする。それは専門家ではない保育者の仕事としてはむずかしい。専門家の援助を受けつつも，日ごろ親と接する機会の多い保育者がなすべきことは多々ある。

　障害の種類と程度を見きわめ，それを受け入れつつ，少しでもよいことを親として子どもにはたらきかけ，あるいは，認めていくということも容易なことではない。あきらめることなく，しかし，根拠のない過剰な楽観にも陥ることなく，覚悟を決めつつ，前途を明るく見通していく。

　親からの情報や助言をもらう，注文を受けるということも保育ではしばしばあることである。障害のある子どもを抱えた親として多くのことを勉強していたり，専門家から助言を受けている場合もある。それを保育者側に伝えてくることも多いだろう。こうした親からのはたらきかけを無視することなく，一方で保育者の理念と方針を保ちつつ，考慮していく姿勢が必要である。

　何よりいっしょに子どもの成長を見ていくことである。成長がゆっくりとしているため，時に，見守ること自体がつらくなる。保育者が微細な手がかりに目をとめて，数か月単位の成長をとらえ，親に伝えていくことである。子どもの成長そのものが，将来への成長への確信をつくり出すのである。

第1部 障害児保育とは　第1章 障害児保育とは

研究課題

1. あたなの身のまわりに，障害のある，あるいは生活に困難を抱えて暮らしている子どもや，大人はいないだろうか。まわりの人たちとともにどのように生活を営んでいるか考えてみよう。
2. 保育所や幼稚園の先生で，障害のある子どもを保育した経験のある人に，その苦労や，やりがいを尋ねてみよう。

推薦図書

- 『シリーズ臨床発達心理学5　育児・保育現場での発達とその支援』　藤崎真知代・本郷一夫・金田利子・無藤隆（編）　ミネルヴァ書房
- 『遊びを育てる―出会いと動きがひらく子どもの世界』　野村寿子　協同医書出版社
- 『鉄腕アトムと晋平君―ロボット研究の進化と自閉症児の発達』　渡部信一　ミネルヴァ書房

Column 1
「統合保育」について

　多くの保育園・幼稚園また小学校などに障害のある子どもが入ることがふつうになってきた。そのことはいくつかの意味でよいことである。
　本文で述べているように，また渡部信一氏が論じるように，通常の世間の生活のなかで得られるものがあり，そこでこそ発達することがある。障害があるなしにかかわらず，そこが生活の場であるからである。さらに，それは「健常児」の側にとってもよいことである。障害があることは特別のことではないのだから，そういった子どもや大人とのかかわり方を学ぶべきであり，それは日ごろから生活のなかで，ともに過ごすなかで身につくことである。そして，互いの交渉のなかでおのおのに得るものがあるだろう（渡部，2001）。
　だが，それは何も配慮せずに，ただ障害のある子どもを園に入れれば，自動的によい成果があるというものではない。障害のある子どもがただ放置されていることもあるかもしれない。仮に1人の担当がついていても，障害のあり方に配慮し，その子ども独自の安定する条件やさまざまなことがらにかかわりやすい状況をよく見定め，それを可能にするまわりの状況や場面を整えてやらねばならない。たとえば，自閉傾向の強い子どもを，大勢の子どもが集まり，騒然としているホールなどに置いても，興奮させすぎるか，もしくはいつもの常同的な固執した行動をくり返させ，強化することになりかねない。
　といって，あらゆる生活の場面を障害を補う教育のための訓練として進めることも，大事なことを取り逃してしまうことになる。何より暮らしをともにするという感覚とそれを可能にするふだんのできごとを大事にすることである。また子ども自身の楽しみがそのなかで生まれ，実現できるようにする。そのうえでの教育であり，訓練である。つまり，それらは暮らしのなかの一部にすぎない。
　専門的な療育も並行してよいと思われる。しかし，それは別な場と別な専門家が行なうことがよく，保育の場面とは分けることが望まれる。なぜなら暮らしをたいせつにし，障害のある子どものあそびを引き出すこととは両立しがたいからである。おのおのにたいせつなのだから，場所を変えて進めたいのである。それは，保護者と保育者と専門機関との連携が本音で成されることにより，可能になり，継続できるのである。

第2章
障害児保育の歴史と理念

　障がいのある子どもの保育には，児童発達支援センター，特別支援学校（盲・聾・養護学校）の幼稚部などのように障がいのある子どもを専門的に保育するものと幼稚園や保育所のように多くの子どもといっしょの場で保育するもの（統合保育）がある。保育所における障害児保育を中心にみていくと，保育所における障害児保育事業が試行的に開始されたのは1974（昭和49）年度からである。本章ではこの1974年以前を萌芽期の障害児保育とし，これ以降を発展・充実期の障害保育として，それぞれの時期における障害児保育の歴史的展開についてその考え方にふれながらみていく。さらに1990年代以降，わが国では矢継ぎ早に社会福祉制度の改革が行なわれていく。この時期を社会福祉改革期の障害児保育としてみていく。

第1部 障害児保育とは　第2章 障害児保育の歴史と理念

1節 萌芽期の障害児保育

1 ──戦前の障害児保育

　障がいのある幼児に初めて教育・保育の場が提供されたのは，1916（大正5）年，京都市立盲唖院聾唖部に設置された幼稚科で，発音教育を主とする幼稚教育が試行される。その後 1926（大正 15）年に聾幼児のための幼稚園として京都盲唖保護院内に京都聾口話幼稚園が，1928（昭和3）年に東京聾唖学校に予科（幼稚園）が創設される。1923（大正 12）年に公布された盲学校及聾唖学校令では，盲聾唖学校の教育の目的として普通教育を施すことと生活に必要な特殊な知識・技能を授けることを掲げている。これを受けた東京聾唖学校予科の保育科目は，遊戯（自由遊戯，共同遊戯），観察（身体及び周囲の事物），談話（呼吸，発声，発音及び読唇），手技（書き方，簡単な細工）となっている。

　聴覚・言語障害や視覚障害のある幼児に対する教育・保育が他の障がいに先駆けて行なわれていく一方で，知的障害や肢体不自由のある子どもに対する教育・保育は皆無の状況であり，医療・福祉・教育の専門的慈善事業家によって学齢児を対象とした学校教育や施設教育が行なわれていたにすぎない。知的障害のある子どもに対するものには，1890（明治 23）年に設けられ，わが国最初の知的障害特殊学級といわれる長野県松本尋常小学校の特別な学級や 1891（明治 24）年に石井亮一が創設した弧女学院（後に滝乃川学園に改称）がある。肢体不自由のある子どもに対するものには，1921（大正 10）年，わが国最初の肢体不自由児施設として柏倉松蔵が創設した柏学園がある。また後に東京帝国大学第二代整形外科教授となった高木憲次は，肢体不自由のある子どもが治療に専念しながら学校教育も受けられる教療所の必要性を訴える。これは今日の療育という考え方につながるものである。1920 年代に入ると社会事業が社会的に認知されるようになり，児童保護事業も本格的に展開されるようになる。そのなかに障がいのある子どもの保護事業も位置づけられていく。しかし，当時の児童保護事業が児童の人格的平等をどこまで前提にしていたかどうかは疑問とされている。それは児童の保護は第二の国民として社会の発達，国力増進の基本と考える国家主義的な発想がその根底にあったからである（池田，

1986)。

2 ── 昭和20年代の障害児保育

　戦前につくられたわが国の社会システムは，戦後，あらゆる分野で改革を迫られる。まず教育分野についてみていくと，1946（昭和21）年11月3日に公布され，翌年5月3日から施行された日本国憲法で「教育を受ける権利」が国民の基本権のひとつとして規定される。さらに1947（昭和22）年3月31日に公布された教育基本法で「教育の機会均等」が規定される。そして同時に公布された学校教育法によって，盲・聾・養護学校が学校教育の体系に組み込まれ，小学部・中学部が小学校・中学校の義務教育に対応するものとして規定され，障がいのある子どもの義務教育の機会が保障されるとともに，必要に応じて幼稚部と高等部を置くことができるとされる。しかし，実際は小学校・中学校の義務制が1947（昭和22）年4月から実施されたにもかかわらず，盲・聾・養護学校の義務制実施は事実上棚上げにされる。その後関係者の強い運動によって，1948（昭和23）年4月から盲・聾学校小学部の義務制が学年進行で，さらに1954（昭和29）年4月からは中学部の義務制が学年進行で実施される。一方で養護学校は整備が行なわれていないなどの理由により，義務制実施は行なわれなかった。1948（昭和23）年度の盲・聾・養護学校数と全就学者数（幼稚部就学者数）は盲学校74校，4,457（47）名，聾学校64校，7,930（278）名，養護学校0校，0（0）名である。

　次に福祉分野についてみていくと，戦災孤児，引き揚げ孤児などによる街頭浮浪児保護対策に迫られる形で1947（昭和22年）年12月に児童福祉法が制定される。そのなかで孤児，浮浪児などの問題児童の保護だけではなく障がいのある児童，さらには一般の児童の福祉が図られていく。制定当初は障がいのある児童の施設として知的障害児施設と療育施設が規定され，児童相談所において相談・判定・指導が行なわれるとともに児童福祉施設への入所の措置がとられる。その後，療育施設は児童福祉法の改正によって盲児施設，聾唖児施設，虚弱児施設，肢体不自由児施設に分離していく。また1951（昭和26）年5月に児童憲章が制定される。第11条で「すべての児童は，身体が不自由な場合，または，精神の機能が不十分な場合に，適切な治療と教育と保護が与えられる」

と規定され，障がいのある乳幼児に対する施策への期待が高まるが，この時期は学齢期の障がいのある子どもが主として対象となる施策であった。

3 ── 昭和30年代の障害児保育

　昭和30年代，わが国の経済は驚異的な発展を遂げ，もはや戦後ではないということが，さかんに言われるようになる。このような高度経済成長の影で森永ヒ素ミルク事件，水俣病発生，ポリオ大量発生，サリドマイド薬害事件などが発生し，新しい障害児問題（村川，1984）が生まれる。

　この時期も学齢期の障がいのある子どもが主として対象となる施策であった。1957（昭和32）年には6歳児から17歳児を対象として知的障害児通園施設が，1963（昭和38）年には肢体不自由児施設に通園児童療育部門が新設される。障がいの重い人たちの生活を創出し幸福を追求し，「この子らを世の光に」と提唱した糸賀一雄が重症心身障害児施設びわこ学園を創設したのもこの年である。1961（昭和36）年には3歳児健康診査および新生児訪問指導制度が児童福祉法の改正によって創設される。またこの時期，関係者が手を結び障がいのある子どもと親の会が設立されていく。1952（昭和27）年に全国精神薄弱児育成会（手をつなぐ親の会　現在は全日本手をつなぐ育成会），1960（昭和35）年に全国肢体不自由児父母の会連合会，1964（昭和39）年に全国重症心身障害児（者）を守る会，1967（昭和42）年に自閉症児親の会が結成され，障がいのある子どもや家族が置かれている状況を社会に訴え，新たな施策を国や地方公共団体から引き出す運動をしだいに活発化させていく。

　当時，障がいのある乳幼児に対する保育施策が進まなかった背景として，養護学校の義務制が実施されておらず就学猶予・免除となった学齢期の子どもを対象とした施策に比重が置かれていたことと，「教育投資論」と「家庭保育論」が作用していたことがあげられる（大泉，1975）。教育投資論とは将来社会・国家の役に立つ程度に応じて財政措置を講じるというものであり，能力主義の考え方が背景にある。家庭保育論とは障がいのある子どもの就学前教育の責任を親や家族に一方的に押しつけるものであり，幼い子どもは，障がいがあればなおのこと，家庭のなかで，家族の愛情に包まれて育てるべきだという考え方が背景にある。さらに保育の現場においては，障がいのある子どもは専門の施

設で受け入れるべきだという考えが多くみられたことも，保育所での障がいのある子どもの受け入れを阻むことにつながっていた。その後，障がいがあることそのものが，保育に欠けるとみるべきではないかという議論が行なわれたり，保育所で受け入れることが，その子どものプラスとなる場合は，積極的に受け入れていこうという方向にしだいに変化していくようになる。

2節 発展・充実期の障害児保育

1 ── 昭和40年代の障害児保育

昭和40年代，当事者や親の運動と連動するように，全国障害者問題研究会などの民間の研究運動団体が中心になって不就学児の実態調査が行なわれるようになる。在宅障害児の実態が明らかになるにつれ「不就学をなくし，発達の保障をめざす運動」（谷口，1975）が全国的に拡がりをみせるようになる。調査で明らかになった在宅障害児の実態が次のように紹介されている。

> 保育―教育の場から閉め出された在宅障害児の多くは，早期から，一日のほとんどを狭い一室ですごし，友達と遊ぶ機会もないまま，テレビなどを相手に，くる日もくる日も同じような生活を送らざるをえなくされている。単調な時間・空間の中では子どもが働きかけをうけたり，期待をもってまわりの環境に働きかけて自分もまわりも変えていくといった営みが貧しくなる。そして発達の力は弱められ，障害が固定化していく。そのままにしておくと，ついには発達と逆の方向に歩みだし，できていたことができなくなり，さらには早期に死へと追いやられていく傾向をたどる場合さえある。　　　　　（谷口，1975）

不就学児の実態が明らかになるにつれ，養護学校義務制実施を要求する運動が全国的に高まっていく。そしてついに，1973（昭和48）年11月，政令第339号「学校教育法中養護学校における就学義務及び養護学校の設置義務に関する部分の施行期日を定める政令」が公布され，1979（昭和54）年4月1日から養護学校教育が義務教育となることが確定する。これによって障がいのある子どもの福祉施策は学齢期から幼児期に移行していく流れがつくられていく。さらに三大都市圏を中心に誕生した革新自治体のもとで障がいのある子どもと親の会の運動が活発化し，早期発見・早期療育の施策化を強く迫るようになる

(村川，1984)。

　その結果，1969（昭和44）年に肢体不自由児通園施設新設，1972（昭和47）年に重症心身障害児施設新設，1974（昭和49）年に知的障害児通園施設の入所条件とされていた就学猶予・免除の条件の廃止と対象児童の年齢制限の撤廃，1975（昭和50）年に難聴幼児通園施設新設が行なわれる。また1972（昭和47）年には児童福祉法に基づく知的障害児通園施設および肢体不自由児通園施設以外の心身障害のある子どものための通園事業（心身障害児通園事業）の実施要項が児童家庭局長通知（当時）として出される。それによると通園により指導になじむ幼児を対象とし，利用定員は20名を標準とし，市町村が保護者の申請によって受け入れを決定するものとされている。通園事業が実施されるようになった背景には，児童福祉法で規定される通園施設は障がい種別が特定されているため，これ以外の障がいのある子どもや重度重複障害のある子どもが利用できないという事情があったからである。障がいの種別を特定せず，比較的柔軟な受け入れ体制が取れる点と人口の少ない市町村で通園施設が設置できないケースなどでは通園事業のメリット，果たす役割は大きい。しかし当時は法定施設とはされていなかったため，最低基準も定められず，国の補助金の額も簡単に変更されてしまう，不安定で脆弱な基盤を有しているという問題点（河相，1998）があげられていた。その後この事業は1990（平成2）年の社会福祉事業法の改正により，第2種社会福祉事業に追加される。さらに1998（平成10）年度から障害児通園（デイサービス）事業と改名され，実施主体である市町村が地域に通園の場を設けて，在宅の障がいのある子どもに対し通園の方法により指導を行ない，地域社会が一体となって障がいのある子どもの育成を助長することを目的として実施される。事業を容易に実施できるようにするため，1996（平成8）年度から利用定員を従来の20名以上から5名以上に変更したり，1998（平成10）年度からは一定の条件下で学齢児の利用を可能としたり，通園事業を行なうための設備条件についての緩和が行なわれる。

　1973（昭和48）年に中央児童福祉審議会（当時）から「当面推進すべき児童福祉対策について」の中間答申が出され，保育所における障がいのある子どもの保育について言及される。これを受けて1974（昭和49）年に障害児保育事業要綱が児童家庭局長通知（当時）として出され，障がいのある子どもを保

育所に受け入れて保育することを国として公式に認めることになる。当初の施策では，対象となる子どもは保育に欠けるおおむね4歳以上の障がいの程度の軽い知的障害または身体障害のある児童であって，集団保育が可能で，日々通所できる者とされた。また障害児保育を実施する保育所は定員がおおむね90名以上の施設であって，対象児の定員は1か所あたり定員の1割程度を原則とし，保育士2名の配置と3分の1以内の経費補助を行なうものとして，事前協議を国と都道府県政令市が行なう指定保育所方式で実施される。初年度は18か所の保育所が指定され，159名の障がいのある子どもが保育を受ける。1977（昭和52）年度までの試行的期間に指定された保育所は，延べ131か所，対象となった子どもは延べ1,319名である。同じ年，私立幼稚園でも一定以上（10名，現在は2名）の障がいのある子どもを受け入れている場合に補助が出されるようになる。

2 ── 昭和50年代の障害児保育

昭和50年代，わが国の障害児（者）施策は劇的な変化を遂げていく。その背景には1976（昭和51）年第31回国連総会で，1981（昭和56）年を国際障害者年とすることが決議され，「完全参加と平等」を目標テーマにノーマライゼーションの理念のもと障がいのある人たちの問題に取り組むよう各国に求めたことがあげられる。1979（昭和54）年4月1日から養護学校教育が義務教育となり，知的障害児通園施設は，障がいのある幼児専門施設へと変貌していく。医療・福祉分野では，1977（昭和52）年10月から障害予防のひとつとして先天性代謝異常の早期発見・早期治療につながるスクリーニング検査が全国で実施されるようになる。さらに同じ年，1歳6か月健康診査制度が創設される。行動発達の遅れ，知的発達の遅れ，視力・聴力の障害などを早期に発見し，早期に対応していくことの必要性が認知された結果である。また1979（昭和54）年7月，障がいのある子どもの早期発見・早期療育体制を総合的に整備するために，地域における中心的な療育機関として，相談，指導，診断，検査，判定などの機能と肢体不自由児通園施設，知的障害児通園施設および難聴幼児通園施設（平成5年からは2種類以上に設置基準を緩和）を統合した心身障害児総合通園センターの整備が図られることになる。心身障害児総合通園センタ

ーの設置主体は，都道府県，指定都市，中核市またはおおむね人口30万人以上（平成5年からは20万人以上に設置基準を緩和）の市となっている。2003（平成15）年度で16か所が設置されている。

保育所における障がいのある子どもの保育は，試行的実施期間の実績をふまえ，保育所がこれまで有してきた保育機能に障がいのある子どもに特別な保育を行なう療育機能を付加できるか，対象となる子どもの範囲，具体的な保育方法についてなど，この間に浮かび上がってきた問題に対する考え方をまとめ，1978（昭和53）年度に新たな障害児保育の方針が打ち出される。その内容は障がいのある子どもの保育は保育所の保育機能によって対応できる範囲で実施し，保育に欠ける中程度の障がいのある子どもまで受け入れることとし，これまでの指定保育所方式を廃止し，保育所に助成対象児童が入所した場合はその人数に応じて一定額の助成を行なうこととしたのである。ここでいう助成対象児童とは保育に欠ける児童で特別児童扶養手当の支給対象であり，保育所の集団保育になじむものとされている。さらに1980（昭和55）年度からは国の助成を受ける場合に実施されていた事前協議を廃止している。

障害児保育事業が始まって5年過ぎたころに行なわれた調査では，保育所側が最も強く望んでいる保育士の増員がなされないままに，障がいのある子どもを受け入れている現状が明らかになるとともに，保育士の悩みとして「専門的知識がない」「疲労がはげしい」などがあげられている（山田，1979）。さらに実施後10年過ぎたころになると，障がいのある子どもを受け入れる保育所の数のみが増えていく量的拡大から，障がいのある子どもの就学前教育機関の主要なものとして保育所が認識されているとしたうえで，保育の内容・方法という質的な高まりが求められている（我妻，1985）という指摘がなされるようになり，受け入れた障がいのある子どもが適切な保育を受けられるような条件整備の必要性が認識されるようになる。その課題として，以下の点があげられている。

①保育士の人員増
②障害児保育に関する研修の充実
③障害の早期発見からの一貫した療育体制の確立
④専門機関との密接な連携

⑤障害のある子どものための設備，教材・教具の整備
⑥保護者との密接な意思の疎通
⑦障害児保育の内容・方法の学問的な確立

3節 社会福祉基礎構造改革と障害児保育

1──社会福祉基礎構造改革

　昭和50年代後半ごろから，わが国では財政再建が緊急の課題として浮上する。加えて世界に例をみない少子・高齢社会に突入したことによる年齢別人口構成のアンバランス化，核家族化による家族形態の変化や扶養意識の変化，あるいは都市化による農村的共同社会の崩壊などの問題があいまって，これまで家族や地域社会が対応してきた高齢者介護などの問題が社会的課題として一気にクローズアップされることになる。このような状況を契機として，国民全体を対象とした福祉という視点から利用者の立場に立った福祉サービスの提供，社会全体で福祉を支えるシステムの構築，さらには福祉の国庫負担削減と受益者負担の強化といった方向で社会福祉制度全体の改革が進められていく。

　保育所に関わるものとしては児童福祉法の改正によって1998（平成10）年4月より措置制度が廃止される。また同じ年に出された社会福祉基礎構造改革に関するまとめを受け，2000（平成12）年6月には，「社会福祉の増進のための社会福祉事業法等の一部を改正する法律」が成立し，身体障害者福祉法，知的障害者福祉法および児童福祉法（障害児関係）等が改正される。これを受け平成15年度から障がいのある子どもの在宅福祉サービス利用について措置制度が廃止され支援費制度が実施されることになる。改正の大きな柱である措置制度の廃止とは，従来，行政が行政処分としてサービスを決定していた措置制度から利用者みずからがサービスを選択し，事業者と対等の関係に立って契約に基づきサービスを利用する利用契約制度へと移行させたということである。

　支援費制度は潜在していた在宅福祉サービス需要を引き出すことになるが，一方で予想を超えた利用数の増加によって財政不足の事態に陥ることになる。また年齢や障がいの種別によってサービス利用のしくみや内容の違いが生

じていた。これらの問題に対処することを目的に国は新たな福祉サービス利用制度として「障害者自立支援法」を提出，2005（平成17）年11月7日に公布され，2006（平成18）年4月より施行される。この法律によって，従来年齢や障がいの種別によって異なっていた福祉サービスが一体化されるとともに，サービス利用にかかった費用を所得に応じて負担する「応能負担」から利用したサービス量に応じて原則1割負担する「応益負担」へと移行する。こうした社会福祉制度の改革は，福祉サービス利用者と事業者双方に過重な負担を強いることとなった。

　このような問題を生み出した障害者自立支援法は違憲であるとして，障がいのある人や関係者によって，国を相手に各地で訴訟が起こされる。2009（平成21）年9月，民主党への政権交代を機に，当時の長妻昭厚生労働大臣が障害者自立支援法の廃止を明言する。2010（平成22）年1月，訴訟の原告・弁護団と国との間で和解が成立し，障害者自立支援法を廃止し，新しい福祉制度をつくることで合意する。基本合意文書で，国は，障害者自立支援により，障がいのある人の人間としての尊厳を傷つけたことに対し反省の意を表明し，2013（平成25）年までに新たな福祉法を制定することが明記される。

　その結果，2010（平成22）年12月，障害者自立支援法の一部改正法である「障がい者制度改革推進本部等における検討を踏まえて障害保健福祉施策を見直すまでの間において障害者等の地域生活を支援するための関係法律の整備に関する法律」が成立する。この法律によって，利用者負担は原則として応能負担であること，同法の対象として「発達障害」を含むこと，相談支援の充実，障がいのある子どもの支援の強化，グループホーム・ケアホーム利用の際の居住費助成などが明記される。また，2011（平成23）年6月には，「障害者虐待の防止，障害者の養護者に対する支援等に関する法律（障害者虐待防止法）」が成立し，2012（平成24）年10月から施行される。また，2011（平成23）年7月には，障害者基本法が改正される。

　その後，2012（平成24）年3月，「地域社会における共生の実現に向けて新たな障害保健福祉施策を講ずるための関係法律の整備に関する法律（障害者総合支援法）案」が国会に提出され，法案は，同年6月に可決，成立し，同月27日に公布される。一部を除き，2013（平成25）年4月から施行されること

になる。成立した「障害者総合支援法」は，改正障害者基本法の目的や基本原則を基本理念として規定している。おもな改正内容は，①障害者の範囲に難病等を加え，福祉サービスなどの対象とする。②「障害程度区分」を「障害支援区分」に改め，その定義を「障害者等の障害の多様な特性その他の心身の状態に応じて必要とされる標準的な支援の度合いを総合的に示すものとして厚生労働省令で定める区分」とする。③重度訪問介護の対象者を，「重度の肢体不自由者その他の障害者であって常時介護を要するものとして厚生労働省令で定めるもの」とし，厚生労働省令において，重度の知的障がいのある人，精神障がいのある人に対象を拡大する。④共同生活を行う住居でのケアが柔軟に行えるよう，共同生活介護（ケアホーム）を共同生活援助（グループホーム）に統合する，である。

　しかしながら，この法律について，厚生労働省が原案を示した時点から，当事者や関係団体から批判が出される。その批判とは，違憲訴訟団との基本合意で，「障害者自立支援法を廃止して新法を制定する」として和解したにもかかわらず，実体は障害者自立支援法の一部改正案に過ぎないのではないか，あるいは，障がい者制度改革推進会議総合福祉部会がまとめた新法の骨格提言が十分に反映されていない，という内容である。

2 ── 障害児保育の現状

　障がいのある子どもの保育を実施する保育所数は年々増えている。このような状況をふまえて国は障害児保育事業について，市町村の事務として同化・定着しているという認識から，これまでの補助事業から交付税による一般財源化措置へと2003（平成15）年度から移行させている。一般財源化されるという意味は，障害児保育事業が，すべての市町村にとって，その存立目的である住民の共同の福祉のために行なう固有事務として位置づけられたということである。一方で補助金といううしろ盾がなくなることで，危機的な財政状況にある市町村では廃止される事業としてあげられる危険性をはらんだことにもなる。

　通園施設などの専門機関における療育は障害者自立支援法施行以前と以後で大きくようすが変化した。たとえば肢体不自由児通園施設は，施行以前から運営の財源の1つである医療費が診療報酬の改定によって削減され経営が厳しい

第1部 障害児保育とは　　第2章　障害児保育の歴史と理念

状況があった。施行以後，乳幼児期の病弱な子どもを対象とする通園施設では毎日の安定した利用者数の維持がむずかしいにもかかわらず，利用契約制度にもとづく出来高払いのしくみとなり，経営を圧迫する事態となった。その結果，職員の配置や療育内容にも大きなしわ寄せが生じた。保護者の立場からみると，軽減措置はあるものの利用負担のしくみが「応能負担」から「応益負担」となり，さらに給食費が実費負担となり，家計への負担が大きくなった。そのために毎日の通園から隔日の通園にするなど，子どもの発達とまったく関係ないところで通園日数を減らさなければいけない事態が生まれた。このような状況はほかの通園施設でも同様である。また施行以前の児童福祉法で規定されていた育成医療がほかの障がいに関わる公費負担医療とともに自立支援医療となり，原則1割の自己負担となった。補装具給付制度もこれまでの現物支給から補装具費の支給となり，原則1割の自己負担となった。

　在宅の障がいのある子どもに対する障害児通園（ディサービス）事業は，通園施設の設置がむずかしい市町村を中心に早期発見後の受け皿として短期間に増えていく。その理由として事業を始める条件が緩やかであったこと，さらには診断や療育手帳交付が利用の条件とされず，乳幼児の健診後に支援を必要とする親子がなるべく気軽に利用できる場として用意されてきたことがあげられる。しかし支援費制度下で児童デイサービス事業となり契約，出来高払い，応益負担の洗礼をいち早く受けることになる（加藤，2007）。障害者自立支援法施行後は，サービス内容が日常生活における基本的な動作の指導，集団生活への適応訓練などを行なうものと規定され，就学前の乳幼児を対象とした事業に再び重点が置かれるようになった。

　その後，障害者自立支援法の一部改正，障害者総合支援法の成立にともなって児童福祉法が改正され障がいのある子どもに対する支援も変わっていく。

　2010（平成22）年12月に成立した障害者自立支援法の一部改正にともなう児童福祉法の改正では，障がいのある子どもに対する支援の強化が打ち出される。児童福祉法の対象として「精神に障害のある児童（発達障害者支援法第2条第2項に規定する発達障害児を含む。）」が追加される。障がいのある子どもを対象とした施設・事業などのサービスについて，これまで施設入所などは児童福祉法，児童デイサービスなどの事業関係は障害者自立支援法，重症心身障

害児(者)通園事業は予算事業として実施されてきたが、児童福祉法に根拠規定が一本化され、種別で分かれていた障害児施設は、通所による支援、入所による支援に体系が再編される(第4章参照)。利用者負担は応能負担となる。また、学齢児を対象としたサービス(放課後等デイサービス)が創設され、放課後支援が充実されるとともに、障がいがあっても保育所などの利用ができるよう、訪問サービス(保育所等訪問支援)が創設される。

　障害者総合支援法の成立にともなう、児童福祉法の改正では、第4条において、障がいのある児童の範囲に「治療方法が確立していない疾病その他の特殊な疾病」がある児童が含まれるようになる。また、障がいのある子どもや保護者への支援について、第21条の5の17にみられるように、「障害児及びその保護者の意思をできる限り尊重する」とともに「常に障害児及びその保護者の立場に立って」行なうよう、述べている。

　また、改正された障害者基本法では、第17条に療育が新設される。その条文で、「国及び地方公共団体は、障害者である子どもが可能な限りその身近な場所において療育その他これに関連する支援を受けられるよう必要な施策を講じなければならない」と、述べている。さらに、こうした療育にかかわる専門家の養成についても規定され、「国及び地方公共団体は、療育に関し、研究、開発及び普及の促進、専門的知識又は技能を有する職員の育成その他の環境の整備を促進しなければならない」と、述べている。改正された障害者基本法では、障がいのある人への支援を表わす言葉として「合理的配慮」が用いられている。障がいのある人への支援は、多くの場合、「特別」なものとしてとらえられがちであるが、「合理的」であるということは、「理にかなった」「もっともな」「正当な」ものであるという考え方である。保育においても、障がいのある子どもが、そうではない子どもと、できる限り同じ場で生活するためには、どのような「合理的配慮」が必要となるのか、考えていくことが必要となる。

　昭和40年代以降、当事者や関係者の運動によって少しずつではあるが拡大し、障がいのある子どもの権利を守り、発達を保障する場として中心的な役割を担ってきた障がいのある子どもの保育が退行することのないよう、今後とも社会福祉改革の動きに関心を向けておく必要がある。

第1部 障害児保育とは　　第2章 障害児保育の歴史と理念

研究課題

1．地域にはどのような通園施設があるか調べてみよう。
2．地域で行なわれている児童デイサービス事業や保育所における障害のある子どもへの保育の取り組みについて，取り組みまでの経緯や取り組みの内容について調べてみよう。

推薦図書

- 『あなたの街にも発達支援の場を―笑顔の子育て「児童デイサービス」』　近藤直子・全国発達支援通園事業連絡協議会　クリエイツかもがわ
- 『新版テキスト障害児保育』　近藤直子・白石正久・中村尚子　全障研出版部
- 『子どもの権利と障害者自立支援法―国連に障害者の声を届けよう』　障害乳幼児の療育に応益負担を持ち込ませない会　全障研出版部

Column 2
障害のある人の権利に関する条約と合理的配慮

　2006（平成18）年12月13日第61回国連総会で、「障害のある人の権利に関する条約（本条約）」と「障害のある人の権利に関する条約についての選択議定書」が採択され、2008（平成20）年5月3日に発効した。この権利条約は国連で8番目の権利条約であり、障害のある人に対する差別を禁止し、障害のある人の権利を積極的にとらえ、社会参加への原理を初めて認めた国際的な取り決めである。この条約を批准した国には、障害のある人が社会生活を営むうえでのあらゆる分野で、障害のある人の権利を守るための厳しい義務が課せられることになる。日本政府は本条約、選択議定書とも2007（平成19）年9月28日（日本時間29日）に署名を行なっている。そして、条約発効から5年後の2013（平成25）年12月に国会で条約は承認される。その後、2014（平成26）年1月20日、日本政府は条約を批准する。

　本条約で障害のある子どもの保育について直接規定している条文はないが、第7条では障害のある子どもの権利と権利を実現（行使）するための障害及び年齢に適した支援を提供される権利を有することを規定している。また第24条で障害のある人の教育の権利とこれを差別なしにかつ機会の平等を基礎として実現するための、あらゆる段階におけるインクルーシブな教育制度と生涯学習について規定している。さらに権利を実現するため確保されるものの1つとして個人の必要に応じて合理的配慮が行なわれることが述べられている。合理的配慮とは、障害のある人が「他の者との平等を基礎としてすべての人権及び基本的自由を享有し又は行使することを確保するための必要かつ適切な変更及び調整であって、特定の場合に必要とされるものであり、かつ、不釣合いな又は過重な負担を課さないものをいう」と第2条のなかで定義されている。

　これまで障害のある子どもへの配慮は特別なものとしてとらえられがちであった。しかし「特別」という言葉が、まさに特別あるいは大変であるという意識を関係者に生み出してきたことも事実である。その点では、「合理的配慮」という言葉は大きな意味を持つ言葉である。新しい保育所保育指針が述べている「障害のある子どもが他の子どもとの生活を通してともに成長」していくためには、障害のある子どもへの支援を合理的配慮として保育士が意識して行なうとともに、それを見たほかの子どもは障害のある子どもと自然と接することができるようになっていくという育ちが求められるであろう。なお本コラムで用いた条文は、川嶋聡・長瀬修（仮訳）（2008年5月30日付）によるものである。

第3章
障害児保育の対象とその特徴

　「障害児保育」で私たちが出会う子どもたちはどのような特徴をもっているのだろうか？　そして，これらの子どもは日々の保育の場で，保育者や他の子どもとのかかわりのなかでどのような姿を見せてくれるのだろうか？

　本章では，「障害児保育」の対象となる子どもについて，まず，子どもたちを取り巻く状況にスポットをあてて制度的側面からアプローチを進めてみよう。そして，幼稚園・保育所に子どもが足を踏み入れる前の状況を押さえながら，それぞれの障害特性とそれにともなって示される発達上の課題についてみていこう。

　子どもは，自分の力を総動員して幼稚園・保育所へやってくる。そのうしろ姿を見送る保護者。そして，子どもを迎える保育者，他の子どもたち。そこでのエピソードを保育者の手記を交えて読んでみよう。

第1部 障害児保育とは　　第3章 障害児保育の対象とその特徴

1節 「障害児保育」の対象となる子どもたちを取り巻く状況

1 ── 制度的側面からとらえた「障害児保育」の対象

　学校教育法では幼稚園は満3歳から小学校就学の始期の子どもを対象とし，児童福祉法によると保育所は0歳児から小学校就学の始期に達するまでの「保育に欠ける」子どもを対象としているが，障害のある子どもについてはどのような状況にあるのだろうか。

　幼稚園では，1974（昭和49）年に文部省（現文部科学省）が障害のある子どもを10名以上受け入れている私立園に補助金を交付したことから，受け入れ体制が徐々に確立されていった。その後は，自治体が独自に障害児保育補助金交付要綱等を定め，障害のある子ども1名から実施園は助成を受けられるようになった。A市私立幼稚園障害児保育補助金交付要綱[*1]に示された「障害児」の規定では，その年齢は学校教育法に対応し，障害の状態は身体障害者手帳，療育手帳の所有者といった福祉制度対象者の状態が記されている。また，その所有者でなくとも，児童相談所，専門医等の公的機関の証明書，意見書等でそれと同等と認められるものであればよいとされ，認定に際しては柔軟に対応しようとする自治体の姿勢を理解できる。なお，対象となる障害種別は，B町私立幼稚園における特別支援教育の推進に係る就園奨励費補助金交付要綱（2006年施行）では，「盲者」「聾者」「知的障害者」「肢体不自由者」「病弱者」があげられ，その障害の程度を明記している。

　一方，保育所でも1974（昭和49）年に障害児保育事業実施要綱が厚生省（現厚生労働省）によって制定され障害児保育がスタートしている。当時の事業の対象は，「概ね4歳以上の精神薄弱，身体障害児であって，原則として障害の

[*1] A市私立幼稚園障害児保育補助金交付要綱（2003年施行）:（定義）第2条　この告示において「障害児」とは，市内に住所を有する満3歳，3歳，4歳，5歳児で，次の各号のいずれかに該当する者とする。
　(1) 身体障害者福祉法（昭和24年法律第283号）第15条に規定する身体障害者手帳の所有者
　(2) 療育手帳制度要綱（昭和48年9月27日厚生省発児第156号厚生事務次官通知）に規定する療育手帳の所有者
　(3) 児童相談所，専門医その他公的機関の証明書，診断書，意見書等により前2号の者と同等と認められる者

1節　「障害児保育」の対象となる子どもたちを取り巻く状況

程度が軽く集団保育が可能で，日々通所できるもの」とされていた。その後1978（昭和53）年には，「保育所における障害児の受入れについて」（厚生省児童家庭局）によって，障害の程度が中程度までとされるとともに特別児童扶養手当の支給対象児に限ることが通知された。各自治体の動向は，たとえばC市障害児保育実施規則[*2]では障害の程度は「軽度の障害」とされ，対象年齢は「3歳から5歳まで」であり「集団保育が可能」であることとされている。また，D市障害児保育事業実施要綱[*3]では対象年齢は「4歳から小学校就学の始期に達するまで」とあるが，3歳でも審査会の審議によって入所可能とされている。なお，D市の場合，障害児保育の目的が「障害児及び健常児の成長と発達の促進を図ること」とされている。このように，その対象に関しては各自治体によって相異がある。ところで，E市では国の動きと連動して1975（昭和50）年にE市障害児保育要綱を制定しているが，障害児保育に対する取り組みの推移とともにその対象が改正されている。1991（平成3）年のE市障害児保育事業実施要綱の改正では対象年齢が1歳10か月以上に改められるとともに，多動や注意力の欠如といった発達上の課題を抱える子どもも対象とされた。また，ダウン症の子どもについては年齢制限を撤廃している。なお，すでに1986（昭和61）年には，当該の子どもの認定にともない，聴力障害の子どもについては重複障害を有しない場合には年齢制限をしないことが弾力的運用の範囲で示されている。そして，その後，年齢制限はすべて撤廃されている。以上のように，一部自治体では年齢制限のないところもある。表3-1は，現行のE市障がい児保育事業実施要綱に示されている障がい児保育認定基準表である。

[*2] C市障害児保育実施規則（1994年施行，最終改正2007年）:（目的）第1条　この規則は，保育に欠け，かつ，心身に軽度の障害を有する児童（以下「障害児」という。）を一般の児童とともに集団保育をすることにより，健全な社会性の成長発達を促進させることを目的とする。（対象児童）第2条　対象となる障害児は，3歳から5歳までの児童で，集団保育が可能で，保護者等の送迎により，日々通所ができるものとする。

[*3] D市障害児保育事業実施要綱（1993年施行，最終改正2007年）:（目的）第1条　この告示は，心身に障害を有する児童（以下「障害児」という。）でD市保育の実施に関する条例（昭和62年条例第7号）第2条の保育の実施基準に該当するものを保育所に入所させ，健常児との集団保育（以下「障害児保育」という。）を行うことにより，障害児及び健常児の成長と発達の促進を図ることを目的とする。（対象児童）第2条　この事業の対象となる者は，保育所における集団保育が可能な4歳から小学校就学の始期に達するまでの障害児で日々の通所が可能なものとする。ただし，第11条第1項に規定する障害児保育審査会が入所を適当と認めた3歳の障害児に限り対象児童とすることができる。

第1部 障害児保育とは　　第3章 障害児保育の対象とその特徴

表3-1　E市障がい児保育事業実施要綱　別表　障がい児保育認定基準表（1975年制定　改訂2006年）

区分	種類	身体障がい				精神（言語）遅滞		精神又は身体障がい	自閉症・ADHD・広汎性発達障がい・アスペルガー等
		視覚・聴覚障がい	音声・言語・そしゃく機能障がい	肢体不自由	内部疾患	療育手帳	児童福祉総合センターF会E市病院付属児童部	特別児童扶養手当	
I	中程度	身障2級〜身障3級	身障3級〜身障4級	身障2級〜身障4級	身障3級	B級	中度と判定している児童	1級 2級	関係医療機関の診断により障がい程度を判断する。
	軽度	身障4級〜身障6級	身障3級〜身障4級	身障5級〜身障7級	身障4級	B̄級	軽度と判定している児童		
II	Iの基準以外のものについては，審査会で認定する。								

注記　1　療育手帳，特別児童扶養手当，身障手帳のいずれかを所持している児童，及び児童福祉総合センターで程度認定されている児童で，上記Iの区分に属するものは，審査会は不要とする。
　　　2　IIの審査会で認定するものは，Iの中程度のレベルを越えるもの及び遅滞の有無は不明瞭なるも何らかの発達障がいが認められるもので，児童福祉総合センターの判定を経たものとする。
　　　　　＊審査会の対象とするもの　→療育手帳1級と療育手帳A級保持の場合，もしくはそれと同等の障がいを有すると判断されるもの。
　　　　　＊審査会の対象としない場合→身障手帳1級を保持しているが，状態が変化して児童福祉総合センターで判定した結果，1級に該当しないと判断されたもの。但し，受入園と協議して決定することとする。
　　　3　特別児童扶養手当1級支給対象児中，障がい児福祉手当支給対象児については，IIの審査会で認定することとする。
　　　　　＊上記2つの手当てを受給している児童で，児童福祉総合センターの判定を受けた結果，身障1級，療育A級でないもの（中軽程度と判断された場合）については審査会の対象としない。但し，受入れ園と協議して決定することとする。
　　　4　身体手帳又は療育手帳と特別児童扶養手当の等級が一致していない場合は，特別児童扶養手当の基準を優先させて認定する。
　　　5　軽度の区分に属する児童で，障がいの種類が重複する場合は中程度で認定するものとする。
　　　6　障がいの種類が重複する場合で，障がいの程度が中程度と軽度にまたがる場合は，中程度で認定するものとする。
　　　7　関係療育機関とは，児童福祉総合センター，E市病院付属児童部，社会福祉法人F会クリニック，G立肢体不自由児総合療育センター及びE市発達医療センターとする。関係療育機関は対象児の診断書（別表2）を提出する。
　　　8　種類「自閉症・ADHD・広汎性発達障がい・アスペルガー等」の「等」は関係療育機関の診断に基づき，保育の実施への影響を勘案して判断する。

　実際の課題として，入園入所したあとに「障害児保育」の対象となるかが問われる子どもも多い。しかしながら，医療機関で医学的診断がなされ，幼稚園・保育所でもその子への発達支援にとって「障害児保育」の体制に見合う特別な配慮をすることが必要だと考えたとしても，必ずしも既存の制度的枠組みではその対象とならない場合もある。制度には，それを必要とする子どもの状態，そしてその子どもを取り巻く状況によって弾力的な運用や改正が求められてい

る。

2 ── 幼稚園・保育所に入ってくる前の子どもたちの状況

事例1　Aちゃんを受け入れて

> Aちゃんは，自閉傾向と精神遅滞を持つ4歳児のクラスの女の子です。入園し，すぐに5歳の誕生日を迎えました。Aちゃんのお母さんは大変熱心な方ですので，Aちゃんは何カ所かの障害児施設や保育園に通った経験を経て入園してきました。観察保育の日，お母さんと一緒にやってきたAちゃんがとてもにこやかな表情で楽しそうに子ども達の行動を眺める姿を見て，私達は彼女の新しい出発に明るい見通しを感じました。（中略）
> こうしてAちゃんの保育がはじまりました。普段はニコニコしているAちゃんですが，自閉的傾向が強いために場所，もの，生活の流れ等へ強いこだわりが見られ，思いどおりにならない時には強いパニックを起こします。（中略）
> ある日のおやつの時間，Aちゃんの嫌いなアンパンがでました。保育者がいろいろ勧めてみても食べようとしないAちゃんに，子ども達が「Aちゃんダメダヨ！」と言い出し，Aちゃんの口にパンを入れてやりました。驚いて思わずパンを飲み込んだAちゃんに，「ほーら，食べれるでしょ」。Aちゃんは怒りません。（後略）
>
> （札幌市民生局保育部指導課，1992より一部改変）

事例1は保育所に入ってきた子どもについての保育者の手記である。これを読むと，Aちゃんが入所前に障害のある子どものための施設に通っていたことがわかる。

障害児保育の対象として入園・入所してくる子どもたちはそれ以前に障害児通園施設や母子通園センターといった障害児施設に通っていることが多い。筆者は障害児保育巡回指導に携わった経験をもつが，通園施設で数年間，身辺自立等の個別支援，集団保育を受けたあとに，就学前の1年間を保育所でさまざまな子どもたちとかかわることを希望して通園施設から保育所へ移行してきた子どもと出会ったことがある。保育者の話によると，保護者も施設の職員も保育所への入所をめざして日々の努力を積み重ねてきたという。

また，入園・入所後もこれらの施設と幼稚園・保育所を並行通園している子どももいる。制度的には，1998（平成10）年に障害児通園施設と保育所の並行通園制度が始まっている。水口と佐々木（1998）は北海道の母子通園センターに通園している満5歳以上の子どもがいる保護者を対象とした並行通園の意

義と保護者のニーズに関する調査結果を報告している。それによると，母子通園センターに対して保護者が期待していることは「個別的対応」と「障害の軽減」であり，幼稚園・保育所に対しては「集団行動」や「社会性を高める場」としての機能を期待していることがわかっている。これらの保護者のニーズに対する満足の程度は，8割以上の保護者が幼稚園・保育所に通って「子どもが成長した」と感じているという。また，北川（2003）は日本知的障害者福祉協会が行なった2001（平成13）年度の全国通園施設実態調査の結果を紹介しているが，それによると知的障害児通園施設と保育所との並行通園が280名と前年度に比べて56名増加しており，1999（平成11）年度（114名）と比較すると2倍以上の子どもたちが同時に2つの機関を併用していることがわかっている。これらの並行通園のニーズは今後も高まるものと思われ，幼稚園・保育所は，さまざまな障害特性をもつ子どもたちを含めたすべての子どもたちの発達支援を進める集団保育の場として機能することが期待されているといえる。

2節 さまざまな行動特性を示す子どもたち

　ここでは，実際に保育者が幼稚園・保育所で出会う障害児保育の対象となる子どもたちの示す行動特性についてみてみよう。

1――子どもの示す行動特性をどのように理解するか

　「障害」については，WHO（世界保健機関）の国際障害分類（1980年）によって説明されることが多い。これは2001年国際生活機能分類に改正され，その改正点の1つとして環境因子を明記したことがあげられ，人間―環境相互作用モデルとよばれているように，「障害」を環境との相互的かかわりから理解しようとするものである。言語病理学では創始者ジョンソン（Johnson, W.）によってすでに1960年代に環境要因を念頭においた話し言葉の問題に関するモデル図[*4]が考案されている。後藤ら（1997）はこれを参考にして，障害と

[*4] W・ジョンソンは話し言葉の問題が，話し手の「話し言葉の特徴」だけではなく，「その特徴に対する聞き手の反応」と「聞き手の反応に対する話し手の反応」によっても影響を受けていることを強調し，そのモデル図を考案した。

2節　さまざまな行動特性を示す子どもたち

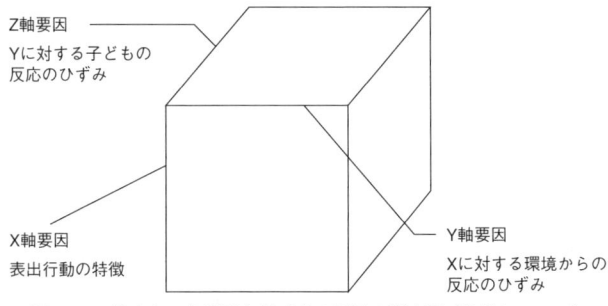

```
Z軸要因
Yに対する子どもの
反応のひずみ

X軸要因
表出行動の特徴

Y軸要因
Xに対する環境からの
反応のひずみ
```

図3-1　障害という問題を構成する要因の関連図（後藤ら，1997）

いう問題を構成する要因の関連図を作成している。図3-1を見ると，障害という問題が，X，Y，Zの3つの要因から構成され，これらの3つの要因がかけあわされた値，すなわち図でいえば体積が障害という問題の大きさになることがわかる。このことは，たとえ子どもの示す表出行動（X）が同じであっても，それにかかわる保育者や保護者の反応のひずみ（Y）によっては，子どもの反応のひずみ方（Z）が影響を受け，結果として，問題が大きくなったり小さく

表3-2　＜資料＞　フォンテイン島（UNESCO，1993）

　最近，ある研究チームが，小さな島国であるフォンテイン島の特殊教育の整備状況を調査しました。そこは，まあまあ洗練された社会というほどの島であり，私たちが知的な技能に重きを置くのと同じように，もっと体の動きの優雅さやスタイルに重点を置いていました。そういうわけで，この島の人々は，私たちが愚かさを忌み嫌う傾向があるように，体の動きのぎこちなさを忌み嫌っていました。不器用な人々は，この島の人々の間で「のろま」としばしば言われて，からかわれていました。
　その島では，優雅に体を動かせる人々のみがマスターできるような筆記法が開発されていました。一方，その島の工業は，機械を動かすためには，高度で優雅な動作が必要でした。
　学校での児童・生徒の成績は，大部分体の動きの優雅さで決められていました。教育では，優雅さの度合いを弁別するための語彙や形式が発達していました。小さな特殊学校が，重度の不器用な，例えば優雅指数（GQ）が低い子どものために設立されました。さらに，中度や軽度の不器用さをもっていると考えられる子どもたちのためには，一般学校において，さまざまな形態の特別な援助がなされていました。（中略）
　最近，この島の新聞報道では，図書館のまわりをうろつくような反社会的行動に時間を費やしていることを挙げて，いわゆる「のろま」な子どもたちが多数，学校制度から落ちこぼされているという事実に注目することを促がしました。一方，ある記事では，学校でのこのような成績の悪さにもかかわらず，このような多くの若者たちが幸せで社会によく適応したおとなになっているとも報告されています。
　フォンテイン島で教師が直面している大きな課題は，特別なニーズをもつ児童・生徒を助けるために，学校は何ができるかということと同じではないでしょうか。

なったりすることを意味している。したがって，保育者は子どもの障害特性にかかわる行動の理解だけではなく，その子どもの行動に対する保護者や周囲の子どものかかわり方についても，十分，配慮する必要がある。そして，何よりも保育者自身の姿勢が問われていることを理解できよう。なお，Y軸はたんに個人としての反応だけではなく，社会の価値観も反映している。資料（表3-2）は，ユネスコによって編集された特別なニーズ教育に取り組む教師用のリソースパックのプログラムの1つであるが，これを読むと，私たちの社会の価値観と人々の「障害」に対する考え方，態度には深い関係があることがわかる。

2 ――「障害児保育」で出会う子どもたちの特徴とは

次に，「障害児保育」で出会う子どもたちの特徴について，その障害特性と，発達上どのような課題が生じるかについてみてみよう。

(1) 情報のやりとりに課題のある子ども

保育において特別な配慮を必要とする子どもの障害特性として，外界との情報のやりとりに課題を示す視覚障害と聴覚障害をあげることができる。

視覚障害の場合，医学的にはその状態は視力（形の弁別）や色覚（色の弁別），そして，視野（見える範囲）といった機能の欠損，低下として示されるが，その本質は視覚情報のやりとりが制約を受けることにある。志村（2001）によれば，乳幼児の発達に欠かせない模倣行動が視覚障害の子どもの場合は制約を受け，それが出現されづらい環境にある。したがって，模倣行動が出現しやすいように子どもの視機能の状態に合わせた保育環境の整備を図り，全体の活動への参加意欲を高める保育者のかかわりが必要であるという。

一方，聴覚障害とは音に対する聞こえの機能が低下している状態をさしている。聴覚障害の程度はオージオメーター等の器機によって測定される平均聴力レベル（dB HL）で表わされる。この障害の本質は聴覚情報のやりとりの制約にあるが，言語刺激を取り入れることに課題のある聴覚障害の子どもの場合，それは言語発達の遅れとなって現われる。幼稚園・保育所においてはその子どもの聞こえの状態や家族でのコミュニケーション手段などを考慮したうえで，子どもとのコミュニケーション手段を工夫することがたいせつである。

事例2　保育の心を教えてくれた子どもたち

　3歳10か月で入園したBくんは，腰部髄膜瘤に下肢不全，水頭症，IQは100です。生まれてから3年間病院生活を送り，母子訓練センターを経て保育所に入ってきました。今までのBくんの生活は普通の子どもが自然に経験して身につくものはほとんどなく，ものを落としたら自分で拾う，バナナの皮はむいて食べるもの，というような基本的な生活が一切身についておらず，会話も大人とできても子ども同士の会話は成立しません。もちろん遊びもできません。でも，明るく，がんばりやさんで日に日に友達にも集団にも慣れ，膝を傷だらけにして遊ぶことの楽しさを味わっていました。散歩も歩き方がへたなため何十回と転びながら他の子どもの何倍も時間をかけ，私と一緒に歩いていくのですが，目的地に着いた時の喜びようは最高のもので，大声をあげながら友達のところへころびころび駆けていくのです。また，着脱など下肢が不完全なため，壁によりかかりながら懸命に自分でやろうとする姿が今でも目に浮かびます。

　自分でやった！　やれた！　という喜びは毎日の保育所生活の中で，あらゆる面で見られました。（後略）

（札幌市民生局保育部指導課，1992より一部改変）

(2) 運動機能の発達に課題のある子ども

　運動機能は，私たちが外界へ積極的にはたらきかけていくための役割を果たし，移動能力の発達は視機能や認知発達と関連することがわかっている。運動機能障害は，その分類として，周産期における脳の運動中枢系障害によるものと先天的または後天的な疾病，あるいは外傷によるものなどがあげられる。なかでも脳性疾患による脳性マヒの割合が高くなっている。

　乳幼児期の運動機能障害の本質は，探索行動の制約と生活経験の乏しさにあるといわれている。事例2は，知的発達は同年齢の子どもたちと同じ発達を遂げている運動機能障害のある幼児のようすを保育者がまとめたエピソードである。保育所で多くの子どもたちと保育者に囲まれながら，自分の力を精いっぱい試そうとしている子どもの姿が保育者の目を通して語られている。

(3) 言語発達に課題のある子ども

　言語発達の遅れには，聴覚障害や知的障害，自閉症といったさまざまな要因が考えられる。また，家庭環境の不安定さを把握する糸口となることもある。さらには，学童期に学習障害と診断される子どもが，幼児期に言語発達の遅れを心配されていたというエピソードをもっていることも多い。その意味で，言

表3-3 話し言葉に特別な困難をもつ幼児にみられる活動の制約（後藤，2003）

a) 物事を考える活動が制約される：幼児は自分の考えていることを音声化して，耳で聴く活動を通して考えを整理している。
b) コミュニケーション活動が制約される：幼児は話し言葉の活動を通して，相手の伝達意図を理解し始める。
c) 自分の要求を他者の手を通して充足することが制約される：乳児は泣くことによって，自分の要求を訴えているが，周囲の者の解釈の仕方に依存するところが大きい。これに対して，「マンマ」と言って空腹を訴える段階になると，周囲の人（とくに母親）の支援が得られやすい。
d) 自分の感情を他者に伝えることが制約される：乳児期の段階では，泣きとか笑いを通して自分の感情を表出しているが，幼児期の段階になって話し言葉が発達すると，自分の感情を言語化し他者に伝えることができる。

語発達は子どもの全般的発達をとらえるリトマス試験紙となる側面をもっている。

表3-3は，後藤（2003）が言語病理学の知見をもとにして，幼児期の子どもが話し言葉（speech）に困難をもつことによって，どのような活動の制約があるかをまとめたものである。これを見ると，子どもにとって話し言葉が他者とのコミュニケーションを成立させていくうえで重要な機能を果たしていることが理解できる。

(4) 知的発達に課題のある子ども

障害児保育の対象となる子どもの入園・入所当初のようすとして，保育者からあげられることの多いものが，「身辺の自立ができていない」「みんなのなかに入っていけない」「会話のやりとりができない」「ひとりあそびが多い，あそびが広がらない」といったものである。これらの特徴を合わせもっているのが，知的発達に課題のある子どもである。この他の特徴として，運動機能の遅れがみられる場合も多い。このような特徴のある子どもの場合，日々の幼稚園・保育所での生活リズムを丁寧につくりあげていくことがたいせつである。

知的発達の遅れは，アメリカ精神遅滞学会が1992年に発表した原因疾患では，疾患の発生時期を①胎生期，②周生期，③出生後の3つに大別できる。ダウン症候群は，染色体異常による代表的な疾患であり，①に分類される。なお，原因が特定されない場合も多い。

(5) 他者やものとのやりとりに発達上の課題のある子ども

他者やものといった周囲にある環境とのやりとりに課題が示される障害の代

表として，自閉症がある。アメリカ精神医学会のDSM－Ⅳ[*5]ではその行動特徴として，①対人的相互反応における質的障害，②意志伝達の質的な障害，③行動，興味および活動が限定され，反復的で常同的な様式，の3つを合わせもつことが明記されている。

　自閉症の子どもの場合，一日の大半の時間を過ごす保育所では，衣服の着脱，排せつ，昼食，昼寝，降園といったデイリープログラムの進行，切り換えにともなってその課題が表出されてくるのが特徴である。事例1は嫌いな食べ物にまつわる子どもどうしの間で起こったエピソードであるが，ここから幼稚園・保育所での障害児保育のもつ意味性を認識することができる。

研究課題

1．あなたの居住する自治体を含めた，いくつかの自治体の障害児保育実施要綱を調べ，その対象について比較，検討し，あなたの居住する自治体の特徴を明らかにしてみよう。
2．表3－2＜資料＞を読んで，私たちの社会の価値観はどのようなものであるか，そして，それが「障害」に対する人々の考え方，態度に具体的にどのような影響を与えているかを考察してみよう。

推薦図書

- 『障害を知る本―子どものためのバリアフリーブック　全11巻』　茂木俊彦（監修）　稲沢潤子（文）　オノビン・田村孝（絵）　大月書店
- 『ユネスコがめざす教育』　ユネスコ（監修）　落合俊郎・堀智晴・大屋幸子（訳）　田研出版

[*5] DSM－Ⅳ（Diagnostic and Statistical Manual of Mental Disorders, 4th ed.）は，アメリカ精神医学会の精神疾患の診断基準と疾患名に関する手引きであり，『精神疾患の診断・統計マニュアル第4版』として本邦でも広く使用されている。第4版は1994年に発行されている。

Column 3
絵本に描かれる「障害」のある子ども

　絵本は，子どもたちにとって自分を取り巻く世界，そして，自分自身への理解を深めていくうえで大きな役割を果たしている。その絵本に障害のある子どもを主人公にしたものがある。その多くは，当事者や家族が中心になって作成したものである。

　たとえば，『わたしたちのトビアス』（セシリア＝スベドベリ（編）トビアスの兄姉，ヨルゲン，カロリーナ，ウルリーカ，ヨハンナ（文・絵）山内清子（訳）偕成社　1978 年）は，ダウン症である男の子「トビアス」の兄姉が「トビアス」を家族の一員に迎え，見聞きしたこと，そして，それを通して感じたこと，考えたことを文と絵で表わし，母親が絵本として綴ったものである。兄姉は「障害児ってなんだろう？」と，自分たちの経験から考えをめぐらせ，それに対して両親は人間のからだを家にたとえて，ダウン症についてわかりやすく伝えている。続編として『わたしたちのトビアス大きくなる』（偕成社　1979 年）『わたしたちのトビアス学校へいく』（偕成社　1998 年）がある。2 作目の『わたしたちのトビアス大きくなる』では，2 歳からトビアスが一般の保育園へ通ったようすが記されている。

　また，『さっちゃんのまほうのて』（たばたせいいち・先天性四肢障害児父母の会・のべあきこ・しざわさよこ（共同制作）偕成社　1985 年）では，主人公の「さっちゃん」は幼稚園に通う右手の指のない女の子である。絵本のしおりには，左手指のない女性が 2 歳のわが子が「お母さんの手お化けの手みたい」と言った言葉に対して，どのようにこたえたらよいかと考え，その方法として絵本が選ばれた理由が書かれている。この他にも障害全般を扱った全 11 巻のシリーズ『障害を知る本――子どものためのバリアフリーブック』（茂木俊彦（監修）稲沢潤子（文）オノビン・田村孝（絵）大月書店　1998 年）がある。

　子どもたちは，さまざまな特性をもっている他者と出会い，そのなかで自分との違い，そして，共通性を認識していく。障害児保育では，その対象となる障害のある子どもとかかわる他の子どもへの対応も求められる。「どうしておしゃべりしないの？」「どんな病気なの？」「どうして同じ学校へ行けないの？」といった，子どもの疑問に対して保育者は真摯に対応する必要があろう。その際に，子どもが理解できる表現でこたえるとともに，子どもが時間をかけてみずからのこたえを導き出していくことに伴走していく姿勢もたいせつであろう。

第2部 障害児保育の方法と計画

第4章
障害児の生活に関する保育方法

　障害のある子どもはどこで保育されているのだろうか？　障害のある子どもは，その障害の種類や度合いによってさまざまな形態で保育されている。しかしここ数年，障害のある子どもも障害のない子どもと同じように幼稚園や保育所で保育されるようになってきた。では，障害のある子どもの園生活はどのように援助されているのだろうか？

　本章では，障害のある子どもに対する保育の目標やその保育の形態について取り上げ，さらに，統合保育を保育者の視点から検討し，具体的な援助のあり方について述べる。

　1節では，障害児保育の目標やおもな保育形態について紹介する。

　2節では，統合保育を実施するうえでの，特別な保育ニーズの把握，保育者間の連携，障害の特性，保護者との連携などを通して保育者の具体的な援助のあり方を検討する。

第2部 障害児保育の方法と計画　第4章　障害児の生活に関する保育方法

1節　障害児保育の目標とその形態

1——障害児保育の目標

　保育の目標は，子どもの豊かに伸びていく可能性を信じ，現在を最もよく生き，望ましい未来をつくり出す力の基礎を培うことである。障害児保育の場合もその目標は同様であるが，障害のある子どもの特別な保育ニーズをふまえたさまざまな配慮が必要となる。

＜保育の目標＞
・一人ひとりの個性の伸長
・友だちとのあそびを通した豊かな人間関係の育成
・生活経験の場の拡大
・集団生活を通した社会的ルールの学習
・食事，排せつ，衣服の着脱，睡眠，清潔など，基本的な生活習慣の確立
・適切な訓練，治療指導などを通した潜在能力の発揮
・保護者への保育指導，家族の不安，焦りなどの情緒的不安定の解消と子どもの育成支援

　どのような保育の場においても，幼児期の生活経験や学習の機会を等しく保障されることがたいせつである。障害のある子どもに対する保育も，幼稚園教育要領や保育所保育指針に示された教育の基本や保育の原理にそって行なわれているため，障害があることで健常児と異なった保育の目標があるわけではない。

2——障害児保育の形態

　障害のある子どもに対する保育の形態は，大きく「分離保育」「統合保育」に分けることができる。そしてさらに，両者の中間の形態として「交流保育」がある。園山（1996）は，障害児と健常児の統合形態を図4-1のように区分している。

1節　障害児保育の目標とその形態

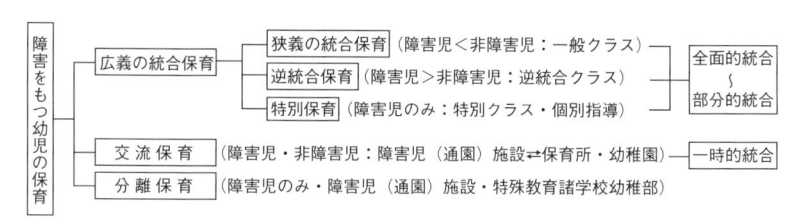

```
障害をもつ幼児の保育 ─┬─ 広義の統合保育 ─┬─ 狭義の統合保育（障害児＜非障害児：一般クラス）┐
                  │                ├─ 逆統合保育（障害児＞非障害児：逆統合クラス）  ├─ 全面的統合～部分的統合
                  │                └─ 特別保育（障害児のみ：特別クラス・個別指導）  ┘
                  ├─ 交流保育 （障害児・非障害児：障害児（通園）施設⇄保育所・幼稚園）─ 一時的統合
                  └─ 分離保育 （障害児のみ・障害児（通園）施設・特殊教育諸学校幼稚部）
```

図4-1　障害のある子どもの保育形態（園山，1996）

(1) 分離保育

　分離保育は，障害のある子どものみを対象として行なわれる集団保育の形態である。この保育の形態は，特別支援学校幼稚部や障害児通所施設（知的障害児通園施設，難聴子ども通園施設，肢体不自由児通園施設）で行なわれている。2012（平成24）年の児童福祉法の改定により，この通所サービスは，障害者自立支援法と合わせて，障害児支援の強化を図るため，障害種別ごとに分かれていた施設体系について，通所・入所の利用形態の別により一元化を図った。

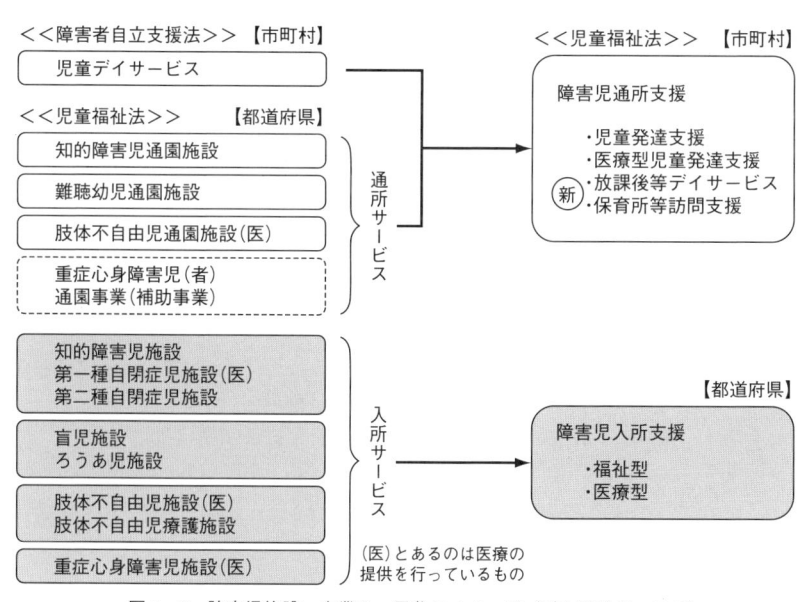

```
<<障害者自立支援法>>【市町村】
  児童デイサービス           ┐
<<児童福祉法>>【都道府県】      │
  知的障害児通園施設          ├ 通所サービス → <<児童福祉法>>【市町村】
  難聴幼児通園施設           │                障害児通所支援
  肢体不自由児通園施設(医)      │                 ・児童発達支援
  重症心身障害児(者)          │                 ・医療型児童発達支援
  通園事業(補助事業)          ┘               （新）・放課後等デイサービス
                                          ・保育所等訪問支援
  知的障害児施設            ┐
  第一種自閉症児施設(医)       │
  第二種自閉症児施設          │               【都道府県】
  盲児施設                ├ 入所サービス → 障害児入所支援
  ろうあ児施設             │                 ・福祉型
  肢体不自由児施設(医)         │                 ・医療型
  肢体不自由児療護施設         │
  重症心身障害児施設(医)       ┘
                    (医)とあるのは医療の提供を行っているもの
```

図4-2　障害児施設・事業の一元化のイメージ（厚生労働省，2012）

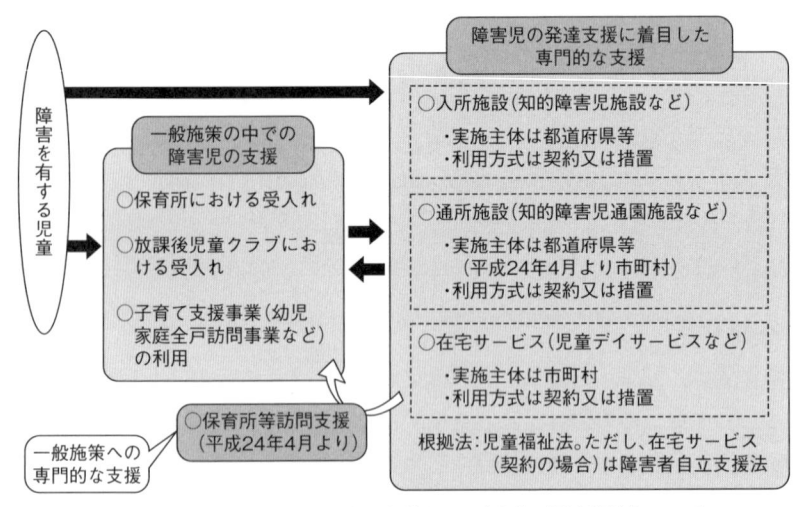

第2部 障害児保育の方法と計画 　　第4章　障害児の生活に関する保育方法

図4-3　障害児に対する支援の福祉分野の全体像（厚生労働省，2012）

　図4-2では，障害児施設・事業の一元化のイメージを示した。
　また，図4-3では，障害児に対する支援の福祉分野の全体像を示した。
　図4-3によると，左側の障害を有する児童が，「障害児の発達支援に着目した専門的な支援」（分離保育）と「一般施策の中での障害児の支援」（統合保育）を受けながら，それらが連携して行われていることが理解できる。
　分離保育のメリットは，障害児の発達状況や特性に応じた指導・訓練を実施できることである。障害児保育を実施している施設では，専門の職員や指導・訓練を行なうための施設・設備・器具などが用意されており，子ども一人ひとりに対して，個別の指導プログラムを策定し，専門的な指導を行なうことができる。とくに障害の重い子どもにとってはその意義は大きいと考えられる。
　しかし，子どもの発達はグループダイナミックスによって大きくうながされるものでもあり，分離保育では職員と子どもとの親密な関係づくりはできても，子どもどうしの関係はかえって希薄になってしまう可能性がある。また，言語や基本的な生活習慣のなかには，同年齢の子どもどうしの交わりが習得をうながすことも多く，障害児だけの集団では，相手からの刺激が得にくいことが指摘されている。

(2) 統合保育

　統合保育とは，一般の幼稚園，保育所，認定こども園で行なわれている障害児保育の形態であり，健常児の集団のなかで障害児もいっしょに保育を受けるものである。図4-3では「一般施策の中での障害児の支援」の部分にあたる。ノーマライゼーションの思潮による影響，保護者の意向の変化，子ども数の減少などにより，徐々に障害のある子どもの入園・入所率は増加している。

　この保育形態では，障害のある子どもと障害のない子どもの保育の場は原則として同じである。主として障害のない子どものためにつくられた園生活の流れのもとで保育を行ないながら，障害のある子どもの参加が可能になるように活動内容を工夫したり，個別的な対応をすることで同じ場での保育を可能にしている。

　大川原ら（1995）の調査によると，全国で統合保育が行なわれている保育所は49.5％，幼稚園では28.8％であった。障害の種類としては，知的障害（精神障害）と情緒障害，言語障害が多く，視覚障害や聴覚障害は少数だった。統合保育は幼稚園よりも保育所のほうが積極的に実施されており，知的・情緒的に遅れのある子どもを多く受け入れている現状が明らかになった。障害児を受け入れる保育所は1974（昭和49）年には18か所にすぎなかったが，1980（昭和55）年には1,674か所，1990（平成2）年には3,779か所，さらに2004（平成16）年には7,200か所と年々増加した。2006（平成18年）には7,130か所（全保育所の31.4％）で総合保育が行なわれている。

　図4-4では，1994（平成6）年からの障害児保育の実施状況推移を示した。

　統合保育の効果については，社会的相互作用をはじめとする社会的領域での効果や生活習慣での発達的変化が大きいとされている。東京都内の保育園で障害児保育を担当している保育者を対象に調査した柴崎と井田（1982）によると，保育者が障害のある子どもを担当することは，たしかに疲れることではあるが，やりがいがあると感じていることが明らかになった。また統合保育は，障害のある子どもの発達に効果があるだけではなく，障害のない子どもにとっても，よい影響を与えていることが示唆された。

　統合保育は統合された保育時間の長短で，全面的な統合保育（完全統合）と部分的な統合保育（部分統合）に分けられる。全面的な統合保育とは，全保育

第２部 障害児保育の方法と計画　　第4章 障害児の生活に関する保育方法

図4-4　障害児保育の実施状況推移（内閣府，2012）

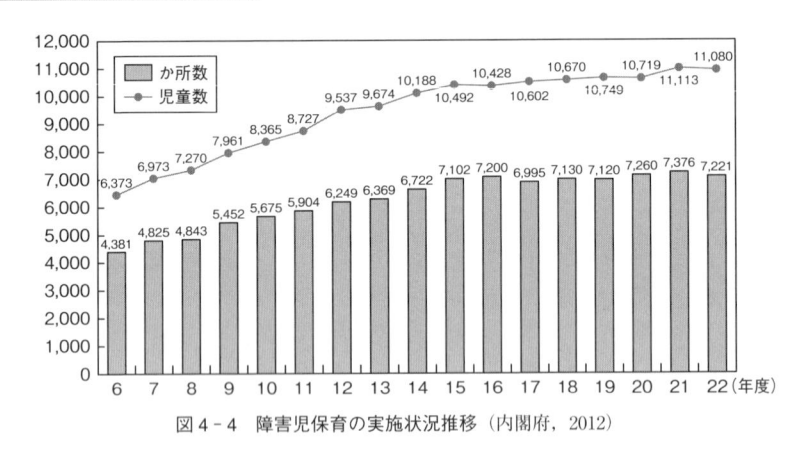

時間を通して統合された保育であり，部分的な統合保育とは，全保育時間のなかの一部のみいっしょに過ごすことをいう。また，その一部の時間をどこでどのように保育されるかによって，部分的統合保育はいくつかの保育方式に分けられる。

(3) 交流保育

交流保育は，分離保育と統合保育の間にある一時的な統合保育である。特別支援学校の幼稚部や障害児通所施設に在籍している障害児が，ある一定の期間，あるいは定期的に地域の保育所や幼稚園に通って，統合して保育を受け，健常児と交流することから交流保育といわれている。通常は幼稚部や施設で分離保育としての指導を受けながら，年間のいくつかの行事（運動会，発表会など），あるいは，毎週数回と計画された保育活動を通して，健常児との相互の交流を図っている。

2節　統合保育の実際

統合保育の場では，たくさんの健常児のなかに，1人あるいは少数の障害のある子どもを受け入れて保育にあたることが多い。そのため，障害のある子どもの理解や園の体制，保育者の援助には特別な配慮や工夫が必要になってくる。
ここでは統合保育における障害児の特別な保育ニーズの把握，保育者間の連

携，障害の特性，保護者との連携，などを通して保育者の具体的な援助のあり方について考えてみよう。

1——特別な保育ニーズの把握

　保育は子ども一人ひとりを十分に理解することから始まるものであるが，障害のある子どもの場合，健常児よりもさらにきめの細かい子ども理解が必要になってくる。

　そこで，特別な保育ニーズを把握していくために，以下の3つの観点から子ども理解のあり方を考えていこう。

(1) 発達の理解

　子どもの行動はややもすると理解しにくい場合があるかもしれない。しかし，それを発達の道筋のなかで理解しようとすると，その行動の意味がよくわかってくることがある。発達を理解することは，いまもっている力が，次にどんな力につながっていくのかがわかることであり，指導の目安や発達の見通しをつけるためにも，保育者として理解しておく必要があろう。そのため，日ごろから子どもが何に興味をもち，どのような活動に対して自発的にかかわろうとしているのかをとらえ，発達過程を柔軟な視点でとらえていくことがたいせつになってくる。

(2) 障害の理解

　子どものかかえる障害の原因，種類，程度，状態はさまざまである。障害の克服のための治療や訓練は医療機関や療育機関を中心に行なわれているものであるが，障害児の通う園でも，それらの機関と連携を図りながら，日常生活で配慮すべき内容をふまえて保育にあたる必要がある。そのため，障害の種類，程度，状況については適切に理解しておくことがたいせつである。また同時に，障害があることによる子どもの具体的な困難や問題が現われやすい行動を理解することも必要である。

　しかし，障害の理解の際には注意しなければならないこともある。それは，子どもに出会う前にその子どもの障害名を知ることにより，その障害名からくるイメージで子どもを見る傾向があることである。つまり，保育者が理解している「○○障害」という一般的な行動特性を頭に描いてしまうと，その姿にあ

てはめて子どもを理解しようとしてしまいがちになる。しかし本来は，子どもの姿を見ることがさきで，障害は子どもの姿の向こうにあるのである。そのため，障害に関する十分な予備知識は必要ではあるものの，それによって固定化された先入観をもつことなく，子どもの観察を通した障害の理解を進める必要がある。

(3) 生活の理解

　保育者は子どもの発達や障害の理解のほかに，日常の生活における家庭環境や社会環境についても理解しておく必要がある。たとえ障害名が同じであっても，誕生から入園までの生育の違いによって，子どもの姿は大きく異なってくる。食事，排せつ，衣服の着脱などの基本的な生活習慣の状態や，そのための保護者の援助の度合いなども理解しておきたい。また，起床・就寝の時刻や保護者の帰宅時刻など，家庭生活のリズムも保育を進めるうえでは必要な情報である。これらの家庭環境や社会環境等を把握し，保育上の資料として整えておくことが，適切な援助を行なううえでたいせつになってくる。これらの情報は，入園時に保護者に記述してもらったり，保育者との面談で詳細に聴き取りをしたり，場合によっては関連施設からの情報も参考にしながら個人票としてまとめておくことが大事である。

　具体的な内容としては，次のような項目がある。

①**生育歴**

　・家族構成　　・周産期の状況（在胎期間，出生時のようすなど）

　・乳児期の状況　　・おもな病気　　・保育歴　　・相談歴

　・家族の障害への理解，受け止め方

②**現在の状況**

　・起床就寝時刻　　・排せつ（回数，時間，援助）

　・食事（時間，偏食，好き嫌い）　　・衣服の着脱，入浴（援助）

　・好きなあそび（遊具，玩具）　　・好きなテレビ（番組，視聴時間）

　・好きな絵本　　・保護者の帰宅時刻　　・きょうだいとの関係

　・休日のすごし方　　・かかりつけの病院，通園機関

　・緊急時の連絡先

障害児の保育でも,保育者は常に子ども理解に努めることが基本である。その際,保護者とは違った立場で客観的に子どもを理解することが必要とされるが,同時に,保護者と同じように愛情をもった子どもとのかかわりもたいせつである。

2── 保育者間の連携

　通常,幼稚園や保育所においては,学年または,異年齢縦割りのクラス集団をつくって保育にあたっている。障害のある子どもに対して加配保育者を定数化している場合もあれば,1人の担任がクラスを取りまとめながら,障害のある子どもや特別な保育ニーズのある子どもの保育に悩んでいるケースも少なくない。

(1) チームで保育する

　園では障害児の人数や障害の程度に応じて,障害児担当の保育者が配属されていたり,加配保育者として障害児担当保育者が保育に加わる場合がある。しかし一方で,障害が軽度であったり,障害児として医学的には診断されていない,いわゆる「気になる子ども」は,通常のクラスで1人の担任に保育されているケースが多い。

　障害児担当保育者は,障害のある子どもの担当として保育にかかわる場合と,障害のある子どもの所属クラスに配属され,おもに障害のある子どもの保育を担当しながら,クラスの担任として他の子どもにもかかわっていく場合とがある。いずれの場合にしても,障害のある子どもが健常児とのかかわりのなかで育っていくためには,障害児担当保育者とクラス担任の保育者が相互に連携を図りながら保育にあたっていくことが必要である。

　障害児担当保育者がいない場合は,1人の担任がクラス全体の保育をしながら障害のある子どもの特別な保育ニーズにも応じなければならず,保育者は多忙となる。とくに幼稚園の場合,この1人担任制が多く,多動な子どもがいる場合などは,常に他の保育者と連携を図り,安全面に十分留意しながら保育にあたる必要がある。安全を管理するためには,大人の目はいくらあっても多いことはないため,日ごろの情報交換を通して,園長以下,事務職員も含めた職員全体ですべての子どもを保育しているという意識を高めていく必要がある。

そのため、子どもの障害の程度や園の実情に合わせたチーム保育のあり方を検討することがとても重要になっている。

(2) 保育カンファレンス

　保育者間の情報交換は日常的に行なわれる必要がある。実際の保育場面でも、子どもの状況を中心とした簡単な情報交換は、適切な援助を考えるうえでたいせつなものであり、とくに子どもの主体的なあそびを中心とした保育の場合、他の保育者からの情報は必要不可欠なものである。

　情報交換は保育時間のみならず、園内のいろいろな場面を使って行なわれることが望ましい。たとえば、登園前や降園後、保育の準備をしながらでも保育者との打ち合わせはできる。日常の情報交換から保育上のヒントになることは多く、有益でもある。しかし、炉辺談話的な情報交換では、そのときの子どもへの対応は検討できても、その場限りの援助になってしまい、子どもの発達をとらえながら、保育者全体で共通に子ども理解ができるような情報交換にはなりにくい。

　そこで、降園後や午睡時間に時間を確保して行なう打ち合わせや保育カンファレンスが重要になってくる。保育カンファレンスとは、保育者全員が集まり保育に関する自由な意見交換を行なう場である。障害のある子どもの保育ニーズを正しく把握し、その支援のあり方を検討したり、保育上特別な配慮を要する子どもについても、同様に保育者の共通認識をもったりする機会である。

　保育カンファレンスは、先輩保育者からの助言をもらうための場ではなく、あくまでも自由な意見交換の場であることから、保育者が主体的に参加し、子ども理解を深め、共通理解を得ることが必要である。障害のある子どもについても、参加した保育者がそれぞれの見方を交換することで、新しい発達の芽ばえを見つけることもできる。とくにクラス担任が加配保育者なしで保育を進める場合、障害が疑われたり、特別な保育ニーズのある子どものことで、負担感をもたないように、まわりの保育者が保育カンファレンスを通して保育の方向性や援助のあり方をともに考え、支えていく必要がある。

(3)「保育所等訪問支援」との連携とクラスづくり

　図4-3にもある「保育所等訪問支援」が、児童福祉法の改定により創設されることとなった。図4-5にはそのイメージを示した。これは、児童発達支

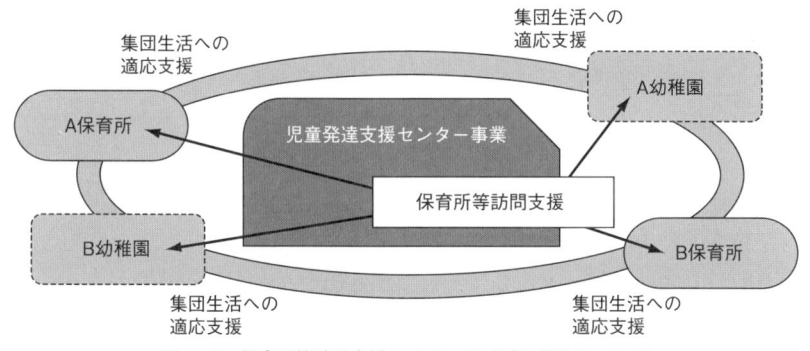

図4-5 保育所等訪問支援のイメージ（厚生労働省，2012）

援センターが事業として行なうもので，担当者が，幼稚園，保育所，認定こども園等に在籍する障害児の集団生活への適応支援を行なうものである。障害児の定義の拡大にともない，保育現場においても，保育士が対応すべき子どもの対象が拡大することとなる。これまでも，各園では，いわゆる「気になる子ども」への対応に苦慮することが多かった。今後は，自閉症スペクトラムの子どもも含む，精神に障害のある子どもに対する保育も実施されることとなる。そのため，児童発達支援センター担当者との連携を通して，他のクラスの子どもたちにも過ごしやすい，集団生活のあり方について適応支援を受けることができる。保育者は，障害児の日常のようすを，観察を通して理解し，定期的に訪問する児童発達支援センター担当者と情報交換を重ねながら，協働で保育を進めていくことが可能となる。障害のある子どもへの個別の支援とともに，集団生活への適応支援を計画的なクラスづくりに生かすことが期待できる。

3 ── 障害の特性に応じた援助

（1）保育者の姿勢

　保育者にとって園生活でたいせつにしたいことは，幼稚園や保育所がどの子どもにとっても，楽しく充実した生活の場となることである。そのためには，何より子どもの状態をよく観察し，理解することが必要である。

　障害のある子どもや気になる子どものなかには，多動であったり，行動を規制されるとパニック状態になったり，不安定になったりする子どもがいる。し

かし，子どもの生活をよく観察することで，パニックを引き起こす要因が想像できたり，さまざまな行動の裏づけを見つけることができる。また，他人との関係を取りにくい子どもでも，お腹をくすぐられたり，鼻をなでられることを好んだり，額と額を合わせて見つめ合いながら目を上下させることを喜ぶなど，あそびを通してともに生活を進めていくなかで，子どもの安心や安全を確保したり，指導上の手がかりをつかむことができる。

保育者の姿勢は，常に子どもにとってよきモデルとなる。障害のある子どもへの担任のはたらきかけを他の子どもはよく見ており，障害のある子どもに保育者と同じようなはたらきかけをするようになってくる。

> **事例　ADHD と診断された C 男（3 歳児）**
>
> 　幼稚園3歳児クラスのC男，朝食時にメタルフェチニールを服用してくるため登園直後は落ち着いているものの，2〜3時間後に薬が切れてくると，衝動的な動きが止められなくなる。3歳児クラスは全部で 16 名。補助の保育者とティーム保育を行なっているが，多動になり制止が利かなくなるため，C男や他の子どもの安全を考えて無理に行動範囲を狭めずに，自由に動けるように援助している。そのため，他の子どもが保育室で集まっていても，C男はひとりで遊戯室を走り回っていることがある。担任はC男が部屋に入ってきたときなどに「うれしいね」と他の子どもに同意を求めながら，C男のようすを見守っている。みんなで集まる時間にひとりでいることは，ほんとうはよくないことだということを知らせながらも，「C男君は部屋にいなくても，先生はC男君のことが，みんなと同じぐらい好きなんだよ」と話している。

クラスの子どもたちが部屋のなかでいっしょに過ごせるようになることは，保育者の願いである。しかし，現実はC男が廊下や園庭を走り回っている。保育者は他の子どもには部屋のなかで座っていることを求めているので，ひとり走り回っているC男は，"先生の言うことをきかない子"として，他の子どもの目に映ってしまう。そのようなC男への担任の対応は他の子どもにとってとても関心のあるところである。

C男が保育室に入ってくれば「よかったね。先生はC男くんを待ってたんだよ，うれしいね」とC男とクラス全体に言葉をかけ，きまりや約束を守らないような行動をとった場合には，「ダメだよね〜，でも，もしかしたら○○みたいなこと，したかったんじゃないかな？」「……△○みたいな気持ちだっ

たのかもしれないよ」と言葉をかける。C男の行動を集団生活のしかたを伝えるひとつのきっかけとしてとらえ，温かく受け入れていくことがたいせつである。とくに3歳児は担任と同じことをしたがるので，担任がC男に対したいせつに接すれば，他の子どももたいせつに接するようになってくる。このことは障害のある子どもとクラスの仲間がともに育ち合うための大前提である。保育者には障害のある子どもが友だちとの温かい人間関係のなかで育ち合えるよう，子どもの特質にそったかかわりが必要になってくる。

クラスの子どもたちは，成長するにつれて自分の思いを優先して行動するだけではなく，時には，障害のある友だちのペースに合わせて待つこともできるようになってくる。障害の有無にかかわらず，だれをも包み込める温かいクラスでの生活体験は人間的な相互理解の心を育てる根本となる。たんに体の弱い友だちに同情してあげる，といったものでは望ましい関係は生まれない。クラスに温かい人間関係ができるかどうかは，保育者のかかわり方しだいである。

(2) 環境の構成

障害のある子どもにはできるだけ安寧な状態で生活できるように，その特別なニーズに合わせた適切な保育環境をつくり出す必要がある。そこで，園舎や園庭などの保育環境は，保育者にとって死角になる部分はないか，子どもにとって危険な場所はないかと，常に子どもの行動を予測して環境を再構成することが必要である。

障害のある子どものなかには，高いところにすいすいと登っていってしまう子どももいる。高いところへ登ることが目的になっている場合もあるが，子どもの好きなものが棚の上にあったりすると，保育者が目を離した隙に，何とか手に入れようと机や棚に上がって上のほうまで登ってしまう。そのため，机や棚を足がかりに登れるようになっていないか，棚の上に子どもの興味のあるものを見えるように置いていないかなども，環境を再構成する視点として大切である。

安全面の配慮としては，保育上のさまざまな状況を想定して，手すりの位置は適当か，廊下やホール・保育室に危険なものはないかなども定期的に点検していく必要がある。障害によっては，蛍光灯のちらつきが気になったり，棚に並んでいる玩具や遊具が見えることで落ち着かなくなる場合もある。また，こ

だわりの強い子どもにはものの並びがいつも同じでないと戸惑ってしまう場合もある。そのような場合は，蛍光灯を白熱灯に換えたり，玩具や遊具が見えないように扉を付けて収納したり，ものの置き方，並べ方がだれにでもわかるように写真や絵などで印をつけておく，などの配慮も必要となってくる。また，カラフルにたくさんの色を使ったり，模様と文字を組み合わせたりすることは，色彩豊かな環境になることもあるが，男児に多い色覚異常の子どもには，わかりにくい環境となってしまうこともある。

障害のある子どもの生活しやすい環境は，他の健常児にとっても生活しやすいものである。靴箱やロッカーの場所，引き出しや取っ手の位置などを含めた保育室の環境は，子どもの目の高さで常に見直しながら，必要に応じて再構成をしていくことがたいせつである。

(3) 生活リズム

登園から降園までの一日の園生活の流れには，朝のあいさつや昼食前の集まり，昼食，後かたづけ，降園準備など，子どもの基本的な生活活動が組み込まれている。また，総合的な活動としての子どもの主体的なあそびの時間，保育者の意図した全体活動の時間などがある。

障害のある子どものなかには，次の活動への切り替えがうまくできないケースも多い。遊戯室で積み木で遊んでいたところ，かたづけの時間になってもやめられず，他の子どもが積み木をかたづけ始めたことで不安定になってしまったり，園庭でのあそびを切り上げられずに，いつまでも外で遊んでいたりなど，全体活動への移行がうまく図れない子どもも多い。そのような場合は，全体へのかたづけの時間を知らせる前に，個別にあそびの終了を伝えておく。時計の針がわかる場合は，「長い針が8（40分）になったら終わりだよ」と，あらかじめあそびの終了の予定を知らせることも有効である。どうしてもあそびを続けたい場合は，全体の活動を妨げないような場所に，遊んでいた道具を移して落ち着くまで遊べるような配慮も必要である。また，写真や絵カードを使って，一日の生活の流れを確認し，見通しを立てられるようにすることで，落ち着いて生活できる子どももいる。金魚やニワトリ，アヒル，ウサギなどの小動物とのふれ合いを好む子どもも多い。飼育や昼食の準備などの当番活動は，障害のある子どもを周囲の子どもにアピールするチャンスでもある。子どもの活

動をクラスのなかで紹介し大いに認めていきたいものである。

(4) 個人差に応じた援助

　障害の有無にかかわらず，子ども期は個人差も大きいことから子ども一人ひとりの状況に応じた援助が必要である。障害のある子どもの基本的な生活習慣も，個別の援助を通してしっかりと身につけさせたいものである。

　保育者は，子どもが自分の力を発揮して，身辺自立や基本的な生活習慣の確立が図れるように，丁寧に援助にあたることが必要である。このとき，丁寧さのあまり，いつでも必要以上に手をかけてしまうと，子どもは自分の力ではしようとせずに，まわりの大人に依存的になってしまう。また反対に，ひとりでできるようになることを目標に掲げ，自分の力でしなければだれも手助けしないという，自立の力を育てようとする保育がある。子ども期のこのような突き放した指導では，自立の力が育たないばかりか，生きる喜びや意欲まで失わせてしまうことになりかねない。

　基本的な生活習慣の指導では，目に見える技能的な面を追い求めるよりも，自分からすすんでやってみようという子どもの意識を育てることがたいせつである。そのためには，まず，子ども自身が自分のまわりの人々はみな，自分の自己実現を支えてくれるという依存と信頼の気持ちがもてるように援助することである。そして，心の安定を保ちながら，技術的な面を根気強く指導していくことが必要である。「できる」「できない」の結果にとらわれず，取り組みの姿勢を評価し，子どもの状況に合わせながら，できた喜びや取り組む意欲を育てていくことが基本的な生活習慣の獲得にはたいせつなことである。

　障害のある子どもには，家族がついつい手をかけすぎてしまうことがある。そのため，身のまわりのことができなかったり，やってみようとする気持ちが動かなかったりすることにつながることもある。保育者は過度に慎重になったり，過保護になったり，放任したりすることなく，その子に応じた指導にあたっていきたい。

4——保護者との連携

　1人担任制の統合保育は，ややもすると保護者のなかから「担任は○○君にばかり手を取られていて，他の子どもたちにかかわってくれない」という不満

第2部 障害児保育の方法と計画　第4章 障害児の生活に関する保育方法

や苦情が出ることがある。保育者としてはそのような意識はまったくないのだが，どの保護者も自分の子どもを中心に見ているため，そのような不満や苦情が出る場合がある。そこで，早い段階から「クラスの子どもたち」は「クラスの保護者」で育てていくという意識をもってもらうようにはたらきかけていく。具体的には，登降園の保護者との情報交換，クラスだよりでの園生活の紹介（ほほえましいエピソードなど），保育参観のクラス懇談などの場面を利用して，積極的にクラスの生活を紹介していく。保育中の写真やエピソードなどを紹介するなかで，子どもたちは子どもたちとのかかわりのなかで互いに成長しているのであり，どの子もみんなかけがえのない存在であることを知らせていく。障害のある子どもの保育では，園と家庭が自転車の両輪のように大きな存在であり，保育に関する保護者の協力は不可欠である。保護者を巻き込んだクラス経営をすることで，障害のある子どもを温かく見守る土壌がつくられ，健常児との育ち合いがはぐくまれる。

　障害児の保護者によっては，保育者からの激励が心強かったという話も聞かれるが，反対に，「がんばって！」と激励されることが知らず知らずのうちに保護者を焦らせたり，落ち込ませたりすることもある。保護者も子どもの状態によって安定したり，不安定になることもあるため，保育者は保護者の心理的な状況を理解しながら，支えていくことがたいせつである。育児をする母親が疲れていては，子どもをかわいいと思う心のゆとりは生まれない。保護者の気持ちもしっかりと支え，障害のある子どもを保護者とともに育てていこうとすることが肝要である。

研究課題

1．障害のある子どもの育ちを理解するための観察の方法を考えてみよう。
2．統合保育における保育者の役割について考えてみよう。

推薦図書

● 『小1プロブレムを防ぐ保育活動（理論編）』　三浦光哉・井上孝之　クリエイツかもがわ

● 『発達障害の子の感覚遊び・運動遊び−感覚統合をいかし，適応力を育てよう1』木村順（監修）　講談社

第2部 障害児保育の方法と計画　第4章 障害児の生活に関する保育方法

Column 4
にわとりとぼく

　ようちえんには、にわとりがいます。ぼくは、にわとりがだいすきです。ときどきにわとりのおせわをします。おせわをしながら、ずっとにわとりをみていたので、ぼくはにわとりのものまねが、できるようになりました。なきまねも、じょうずにできるようになりました。
　でも、おうちでなきまねをすると、ぱぱに、
「うるさいから、あさになきなさい」と、おこられます。
　にわとりはそらをとびたくて、はねをぱたぱたさせています。けれど、にわとりはとべません。ぼくも、そらをとびたくて、てをぱたぱたしながら、てーぶるから、とびおりてみます。けれどぼくもとべません。ぼくは、にわとりもおなじだとおもいました。
　ようちえんで、こんなうたを、おしえてもらいました。
「だんだんおなかがすいてきて、おうちにかえったとき、にわとりがいたよ。そこで、Aくんが、にわとりのしっぽにがぶりとかぶりついた。でもね、にわとりをたべないでください。にわとりをたべないでください」あんなにかわいいにわとりをたべるなんて、しんじられないと思いました。
　ぼくのすきなたべものは、ままがつくってくれるとりのからあげです。とってもおいしいです。いくつでもたべられます。
　ようちえんは、もうすぐおしまいで、ぼくはしょうがくせいになるそうです。そうなると、にわとりにあえなくなってしまうかもしれません。それは、すこしさびしいです。
　きんぐ、ぴっち、ちゃぽ、ひよこ
　いつまでも、げんきでいてください。しょうがくせいになってもあいにくるからね。ぜったい、たべないから。

　　　A男：代筆　父
　　（幼稚園修了文集より）

第5章
知的遅れのある子どもの保育

　知的遅れのある子どもの保育は、生活全般にわたる配慮が必要となり、関係する保育士たちの障害への理解が不可欠である。年齢が低い子どもでは、知的遅れの評価はむずかしい。社会的相互作用の質的な障害や常同行動がみられなくても、発話の開始時期、運動発達など、心身全般にわたって遅れがみられる場合には、発達全体を丁寧に観察し、遅れの有無を評価することがたいせつである。また、遅れをアセスメントする方法について知っておく必要があろう。遅れの程度を考慮しながら、保育を組み立てていく。その際、言語の行動調整機能の遅れ、自信のなさ、問題行動など、知的遅れのある子どもの特徴的な行動に配慮していく必要がある。本章では、これらの問題の対処について述べていこう。

第2部 障害児保育の方法と計画　第5章 知的遅れのある子どもの保育

1節 知的発達のアセスメント

　知的発達の遅れの領域とその程度について情報を得ることは，保育のはたらきかけを考えるうえで，ひとつの手がかりとなる。就学前の子どもについて，知的発達のアセスメントを行なうことは容易ではない。就学前の子どもにとって，日常なじみのないアセスメント場面では，力を発揮できなくなるので注意を要する。成長にともない遅れが改善する場合もあるので，発達をフォローする視点がたいせつである。行動観察，生育歴の情報をあわせてアセスメント結果を実践に生かす視点が不可欠である。就学前の子どもの保護者では，問題を認めることに困難を示す場合もある。アセスメントが指導の改善と充実につながることを具体的に説明し，アセスメントに対する理解と同意を得ることがたいせつである。アセスメントと障害の関係については，コラム5にまとめたので参照されたい。ここでは，アセスメントの手順について述べよう。

1 ── 行動観察に基づくアセスメント

　知的遅れをもつ子どもで，年齢が小さい子どもに対しては，課題に基づくアセスメントの実施はむずかしい。このような場合，行動観察に基づくアセスメントがなされる。よく用いられる発達検査としては，遠城寺式乳幼児分析的発達検査がある。この検査は，運動（移動運動，手の運動），社会性（基本的習慣，対人関係），言語（発語，言語理解）の領域にわたって，発達年齢（0～4歳8か月）を算出する。また，津守式乳幼児精神発達検査も用いられる。生活全般の適応を社会生活年齢によって評価する方法として，新版S-M社会生活能力検査が用いられる。この検査は，身辺自立，移動，作業，意思交換，集団参加，自己統制という領域について1～13歳の発達を評価する。

2 ── 課題の実施に基づくアセスメント

　課題実施に基づくアセスメントとしては，知能検査や言語発達検査があげられる。
　知能検査としては，田中ビネー知能検査，新版K式発達検査，WPPSI検査があげられる。検査には特徴があるので，実施の前に考慮する必要がある。

$$\text{知能指数(IQ)} = \frac{\text{精神年齢(MA)}}{\text{生活年齢(CA)}} \times 100$$

図5-1 知能指数(IQ)の算出式

表5-1 田中ビネー知能検査の例(田中教育研究所,1987)

		問題	制限時間	合格基準	内容および記録
2歳	13	動物の見分け		8/9	(例)にわとり ①ぞう ②うま ③いぬ ④ねこ ⑤さる ⑥きりん ⑦うさぎ ⑧さかな ⑨うし
	14	まるの大きさの比較		2/2	① ②
	15	文の記憶(A)		1/2	(例)つめたいみず ①あかいりんご ②大きいくま
	16	語い(物)		5/6	①時計 ②飛行機 ③スプーン(さじ) ④バナナ ⑤自動車 ⑥帽子
	17	ご石の分類	2分	完全	(分 秒)
	18	簡単な命令の実行		2/3	①犬 ②ボタンを箱の上 ③はさみを積木のそば
	19	語い(絵)		11/15	①飛行機 ②手 ③家 ④かさ ⑤靴 ⑥ボール ⑦いす ⑧はさみ ⑨時計 ⑩葉 ⑪馬 ⑫めがね ⑬テーブル ⑭ピストル ⑮木
	20	縦の線をひくこと		2/2	① ②
	21	ひもとおし	2分	5個以上	個
	22	用途による物の指示		5/6	①コップ ②ほうき ③いす ④はさみ ⑤鉛筆 ⑥鏡台
	23	トンネルつくり	1分	完全	(秒)
	24	絵の組み合わせ		1/2	①顔 ②丸

2歳段階に相当する問題を示した。言語教示の理解や言語応答を必要とする問題とともに、動作の理解により解答できる問題から構成されていることがわかる。

田中ビネー知能検査では、精神年齢を測定し、それに基づき知能指数(IQ)を算出する(図5-1・表5-1)。各精神年齢に対応して、その年齢段階をよく反映する課題が並べられている。検査の実施にそれほど時間がかからず、対象の年齢範囲が乳児から成人と広いので、実施が比較的容易である。言語活動を中心とした一般知能を測定しているため、知能を分析的に検討することはむずかしい。結果の解釈にあたっては、検査項目の内容をよく検討し、他の検査や行動観察とあわせて考察することが望ましい。

新版K式発達検査は、姿勢・運動領域、認知・適応領域、言語・社会領域について、乳児から成人の年齢範囲で、発達年齢を算出できる。

WPPSI（ウプシ）検査は，ウェクスラー式知能検査の幼児版であり，言語性と動作性に分けて知能を評価することができる。言語性検査の課題は，言語指示の理解に基づいて，言葉によって答えさせる課題である。動作性検査は，検査者の動作によって課題を理解することができ，動作で答えることができる課題で，言語理解が乏しくても解答できるという特徴がある。4歳から7歳の子どもについて言語性IQ，動作性IQ，総IQを算出する。小・中学生用としてはWISC（ウィスク）検査があり，自閉症児のアセスメントによく利用される。

子どもの単語の理解レベルを評価する方法として，絵画語彙検査（PVT）がある。複数の線画を見せて，単語名を音声呈示し，それを指さしさせるという簡便な方法で，語彙年齢を算出することができる。

2節 知的遅れのある子どもの心理的特徴

前節で明らかになった知的発達のレベルは，保育に際してのサポートを考えるうえで役立てることができる。そのうえで，知的遅れがある子どもに特徴的な心理機能を考慮する必要がある。本節では，この点について事例を見ながら述べていこう。

事例1　言語の行動調整機能に遅れがみられる子ども

I君は，5歳で来年小学校です。とても活発な男子で，周囲の子どもと言葉でコミュニケーションをとることができます。でも，時どきうまく自分の気持ちが伝わらなくて，かんしゃくを起こすことがあり，相手とけんかになってしまうことがあります。話し始めが2歳半であり，運動発達にも遅れがみられました。5歳になってすぐに，田中ビネー式知能検査を行なった結果，精神年齢が3歳でした（IQ60）。先生がI君について，心配することがあります。それは，先生の指示を忘れることが多いということです。I君は友だちと遊ぶのが好きで，ルールを理解し，クラスの仲間にも好かれています。そのため，先生は，I君にもクラスの仕事を頼みます。遊び道具をかたづけたり，給食の手伝いなど，初めは，I君は仕事をしているのですが，途中で忘れたようになり，仕事と関係なく遊び始めたり，他の場所に行ってしまいます。先生がI君を呼びとめて聞くと，覚えておらず，覚えていてもやったと主張することもあります。小学生では，係り活動もあり，I君の仕事ぶりが先生も少し心配です。

知的遅れのある子どもでは，しばしば，言語の行動調整機能の発達に遅れが

生じる。発話し、言葉の理解がしっかりしていても、行動調整機能の遅れがみられることがある。

発達の初期には、大人の言語指示（外言）に従って行動が調整されるが、発達にともない内面化（内言）され、子どもは自分に向かって言語教示し、それに従って行動するようになる。知的遅れがある場合には、内言の保持や内言に基づく行動調整がむずかしくなる。

大人の指示は、直接教示（例として「立ちなさい」）と先行教示（「音がしたら手を上げなさい」）に分けることができる。

簡単な直接教示は、2・3歳児でも従うことができる。しかし、さまざまな妨害にうち勝って安定して遂行できるのは、健常児でも5歳ごろである。たとえば、子どもの近いところに、ウサギの人形があり、そのうしろにネコの人形があるとき、子どもに「ネコを取って」と教示しても、ウサギを取ることがある。「ネコ」と「取る」ということを理解していても、眼前の刺激が妨害的に作用し、遂行することがむずかしくなる。教示に従って、同じ運動をくり返し行なっているときに、その反復を中断して、別の教示に従うことはむずかしい。子どもは、直接教示に、妨害条件（視覚刺激の呈示、運動反復の実施など）が加わると、直接教示に従った行動がむずかしくなる。

先行教示もまた、遂行することがむずかしい課題である。健常児では6歳ごろには完成する。しかし、知的遅れをともなう子どもでは、精神年齢6・7歳でまだ、不安定な子どもが3～4割ほどいることが明らかにされた。「音がしたら、手を握ってください」という教示で、音に対して握るという動作ができない子どもを想像してみよう。机の上にコップが10個並べられている。この子にポットを渡し、「お茶をコップに注いでください」と教示する。子どもは、コップに対して1対1に対応して、お茶を入れることができるだろうか？　音が鳴るまで待てず、手を握ってしまう子どもでは、1つずつコップにお茶を入れるという簡単な行動がむずかしいようすがみられる。

先行教示の遂行がむずかしい場合には、子ども自身に言葉がけをさせる（子どもに「押せ」と直接言わせる）と効果的であることが指摘されている。また、行動のフィードバックを与えると効果的である（押すと光がついたりして、行動の結果がわかるように工夫する）。これらの工夫は、日常生活での指示の際

にも有効である。

> **事例2　自信がもてず積極的に行動しようとしない子ども**
>
> 　K君は明るい子どもで，友だちとの会話も不自由しません。運動発達が遅れぎみでした。5歳時の田中ビネー式知能検査の結果では，精神年齢は3歳半でした（IQ70）。K君のお母さんは，はっきりした人で，身辺自立から，文字読みの学習などK君に対して強い態度で指示します。K君は何に対しても，なかなか自信をもてません。絵を描く時間でも描いているところを，友だちや先生に見られるのがとてもいやで，見せようとしません。K君の自信のなさが頂点に達するのは運動会の練習のときです。運動会では，ダンスをしたり，リレーなど出し物をします。それに向けて，春先には練習が始まりますが，練習の間，K君は，みなといっしょに行動しようとしません。先生は，恥ずかしがらなくてもよいこと，いっしょにしなくてもよいので，そばで見ていようと誘いますが，なかなか，見ようとはしません。前の担任で，よく知っている先生とは見学するのですが，新しい先生が誘ってもいやがります。それでもあまり強くすすめると，本当にお腹が痛くなってしまうようで，練習の時間になるとお腹が痛いと訴えるようになってきました。小学校の運動会の練習では，もっと新しいことを短い時間で学ぶので，先生はK君について，とても心配です。

　知的遅れのある子どもは，自信をもてないことが多く，消極的な行動を示すことが報告されている。行動をしようとする傾向は，「動機づけ」とよばれる。課題に対して意欲的に取り組まなければ，うまくいくことが少ないので，知的遅れのある子どもの特徴として，動機づけが低いことが指摘されている。

　知的遅れのある子どもは，大人との相互作用に対して，正と負の反応傾向をもつといわれている。大人との楽しい相互作用に対しては強い動機づけをもっている（正の反応傾向）。それと同時に，大人に対して，用心深さや警戒心をもっている（負の反応傾向）。負の反応傾向は，子どもがそれまでに行なった失敗に対して，大人から叱られた否定的経験が関与している。子どもはまた，失敗経験のために，問題解決できる事態でも，それに対して積極的に取り組もうとしないことが指摘されている。取り組みの低さの背景には，課題に対する期待水準の低さがあるといわれている。

　子どもが自分自身で対処できない状態で，強い苦痛経験が与えられた場合，学習性無力感が生じるとされている。

　学習性無力感とは，動物の学習実験で明らかにされた現象である。逃れられ

ない状況で苦痛な刺激場面を経験すると，苦痛という「外傷」体験そのものではなく，「外傷」をコントロールできないこと（対処できないこと）が学習されてしまい，無力感の形成につながるというものである。

子どもが同じ状況に置かれても，対処できると感じるかどうかは，「自分の行動がうまくいく」という予期（自己効力感）にかかっている。自己効力感が乏しい場合には，対処できないと感じてしまう傾向が強くなる。

K君の場合には，ひとつには，お母さんの強い指導が，K君にとって対処できない事態としてはたらいた可能性があげられる。また，お母さんを含む大人に対して，負の反応傾向が強くなっていた可能性があげられる。

負の反応傾向を弱めるひとつの方法として，学習課題の前に，成功経験を与える（対象児の行動を全般的に言語強化する）ことが有効である。K君の例でいえば，新しい学習課題の練習にさきだって，彼にとって自信をつけるのに役立つ課題を与えることが有効であろう。自信をつけさせる課題では，子どもの努力が実を結ぶことや，練習に見通しがもてることに気づかせることがたいせつである。

新しい学習課題以外にも，K君が自信をつけるのに役立つ指導がある。一日の終わりの会で，「一日のなかで楽しかったこと」や「おもしろかったこと」を発表させるという取り組みを行なうことができる。このような発表活動は，自己効力感が低い子どもにとって有効な活動となる。子どもの発表を周囲の人が認めることを通して，子ども自身の行動や努力が，「楽しかったこと」や「おもしろかったこと」に結びついていることに，気づかせるという効果がある。

自信がもてないために活動に参加できないことを，子どもはなかなか言葉で説明できない。幼稚園や保育所の生活以外で受けた強い失敗体験が，幼稚園や保育所のなかの活動に影響することを十分考慮することがたいせつである。知的遅れをもつ子どもに対して，彼らの自己効力感を高める取り組みは，日ごろより，とくに配慮する必要があるだろう。

事例3 他傷・自傷などの問題行動を多く示す子ども

M君は，5歳になりますが，まだ発話は1語文程度です。要求表出の際には，欲しいものを指差しして，相手の顔を見て，発声します。田中ビネー式知能検査の結果は，精神年齢2歳でした（IQ40）。機嫌のよいときには，おとなし

> い子どもで，クラスの活動に参加することができました。大人の会話を，単語に基づいて理解しているようすもうかがわれました。しかし表出に一語文をうまく使うことができません。保育所の生活では，しばしば激しい他傷や自傷などの問題行動を示しました。他傷行動は，M君のきらいな課題の「フィンガーペインティング」のときに，なぜか隣の子の顔を引っかくということが多く起きました。自傷行動（あごたたき・髪つかみ）は，とくに決まった課題や時間に多いわけではなく，むしろ場面や活動の変わり目に多いことが，担任の先生によって報告されました。他傷行動は，先生方の目が届かないときに起きるので，危険です。自傷行動は，なかなか効果的な対応がなく，先生は苦慮しています。

問題行動は，何も背景のないところから生じてくるのではなく，さまざまな要因が関係していることが明らかにされてきた。

第一に，問題行動は，環境への適応と密接に関係することに注意する必要がある。環境に不適応な場合には，問題行動は増加することを忘れてはいけない。子どもの生活全般を見直して，過度なストレスにさらされている時間や，見通しをもてない時間がないか，再検討し，そのような環境要因を変えることで，問題行動が変わるか観察し，それをもとに，軽減を図ることが必要であろう。

第二に，問題行動は，子どもにとって何らかの機能を果たしている可能性があり，どのような機能を果たしているか評価する必要がある。

平澤と藤原（1997）は，問題行動の機能として，①注目の獲得，②嫌悪事態からの逃避，③ものや活動の獲得，④自己刺激機能の4種を指摘した。また防衛など，不安から身を守るはたらきもあげられる。

「注目の獲得」としては，自分に気づいてほしかったりすると，奇声を発したり，ものを投げたりすることで，手っ取り早く注目を得る，などがあげられる。手だてとしては，適切な行動をしたときや，活動に参加しているときに，子どもにうなずきかけたり，声かけをし，子どもの存在に気づいていることを伝えるなどがあげられる。

「嫌悪事態からの逃避」としては，ひとりで課題ができないなどのいやな事態において，問題行動をすることによって助けを借りたり，その場から逃げることができる，などがあげられる。対応のしかたとして，援助を求める行動が出せるように配慮することなどがあげられる。

「ものや活動の獲得」としては，問題行動を起こすことで，自分の得たい事物や活動を得ることができる場面をあげることができる。そのような場合，適切な要求のしかたを教えるという対応が必要であろう。

「自己刺激機能」としては，常同行動や自傷行動に特有な自己刺激作用に身を任すことが快となっている場面をあげることができる。日常生活のなかで，さまざまな種類の刺激を経験させ，刺激が単調にならないような配慮が必要である。

「防衛」としては，不安が強いときに，問題行動を起こすことでその不安を軽減させるなどがあげられる。不安を引き起こすストレスそのものを軽減するように配慮することなどが対応としてあげられる。

これらの問題行動への対応は，子どもの状況に応じて異なるのも事実であろう。M君にとって，他傷行動は，自分のきらいな時間で起きていることから，嫌悪自体からの逃避としてはたらいたことが考えられる。他方，自傷行動は，場面や活動の変わり目で起きていたことから，場面や活動の変わり目が見通しをもてない時間となり，その結果，不安からの防衛として機能したことが推測できる。行動の見通しを立てる方法として，毎日の日課のなかに一定のくり返し部分を確保することや，視覚的な手がかりを添えて指示を与えることなどが有効である。

問題行動の果たしている機能と等価な機能をもつコミュニケーション行動を確立させることで，問題行動の軽減を図るという方法は，機能的コミュニケーション指導とよばれ，問題行動に対する対処の1つの方法として，注目されている（平澤・藤原，1997）。

3節 発達支援の視点

知的遅れをもつ子どもの発達支援は，障害児保育をする際に欠かせない視点である。障害特性をふまえたはたらきかけを丁寧に組み立てることで，子どものコミュニケーション環境は大きく改善される。したがって，個々の子どもの特徴を考慮した発達支援はたいせつな課題となる。

本章では，知的遅れをもつ子どもでよく見られる行動を中心に論じた。

言語の行動調整機能では，直接教示，先行教示ともに，さまざまな妨害要因があることを指摘した。

　自信のない行動傾向の背景には，子どもの失敗経験が関係していることが多いことを説明した。子ども自身の行動や努力が，「楽しいこと」や「おもしろいこと」に結びついていることを，教えることがたいせつであると述べた。

　問題行動に関しては，行動そのものに着目するのではなくて，環境への適応状態も見る必要があること，また，問題行動の果たしている機能と等価な機能をもつコミュニケーション行動を確立させることで，問題行動の軽減を図る方法が有効であることを説明した。

　知的遅れのある子どもは，しばしば，言葉の理解が不十分なために，周囲の状況を把握しきれないことがある。言語の獲得のうえで，日常的な社会的文脈の果たす役割は大きい。すなわち，言語理解のうえで社会的文脈は重要な枠組みとしてはたらく（長崎ら，1998）。したがって，保育の取り組みのなかで，特定の活動やあそびを取り出し，くり返し実施することで，その文脈を子どもに理解させ，そこでの相互作用を利用しながら，コミュニケーション指導を行なうという方法があげられる。

　知的遅れをもつ子どもにとって，幼稚園や保育所は，社会性を学ぶ場として有効であり，かけがえのないことは事実である。その際，個々の子どもの障害特性を十分考慮したはたらきかけが重要であろう。

研究課題

1. 事例1（I君）に即して先行教示の例をあげ，教示が有効になるような工夫を説明してみよう。
2. 事例2（K君）に即して，自信がない場合の行動特徴を説明してみよう。
3. 事例3（M君）の自傷行動（あごたたき）の背景と対処を，母親に対する説明文の形をとって述べてみよう。

推薦図書

- 『知的障害の心理学―発達支援からの理解』　小池敏英・北島善夫　北大路書房
- 『発達障害の臨床』　有馬正高　日本文化科学社

Column 5
アセスメントと障害

　アセスメントと障害について考えるにあたっては，障害概念を整理しておく必要がある。障害は，従来，病気によって引き起こされるものとして，とらえられてきた。2001（平成13）年に世界保健機関は生活機能分類（ICF）を提出し，障害概念に大きな変化をもたらした（下図参照）。

　私たちは一定の生理機能と心理機能を有しており，その結果，さまざまな活動が可能になり，それをもとにして，社会参加をしている。ICFによれば，障害とは，生理・心理機能の不全であると同時に，「活動が制約を受けること」，「社会参加への制限があること」としている。この制約や制限には，個人的因子や環境因子が関与する。したがってここでは，障害を「個人の特性」ではなくて「制約を受けている状態」としてとらえ，個人や環境の条件で，その状態は変化するとしている。

　子どもであっても大人であっても，本来，人間は社会参加するものであり，その参加が制約や制限を受けている状態を「障害」と定義すると，まわりのサポートは，障害の程度に大きな影響を与える。このサポートのあり方について，具体的な情報を提供するのが，アセスメントの役割であるといえる。

　これよりアセスメントは，たんに，知能というものさしで子どもをはかることではない。社会参加するうえでの制約を軽減するのに有効な手立てを，個人に即して明らかにするものである。

　発達レベルは，生理・心理的機能と同時に活動の状態である。活動や参加するうえでの制約を軽減するためには，発達支援を視野に入れたアセスメントを行なうことが必要となる。

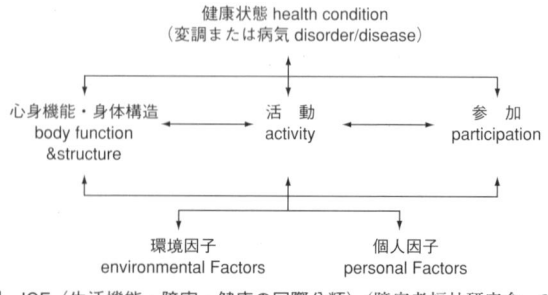

図　ICF（生活機能・障害・健康の国際分類）（障害者福祉研究会，2002）

第6章 からだの不自由な子ども・病気がちな子どもの保育

　人は必ず病気になるし，けがをする。だが，多くの人の病気やけがによる障害は一時的なもので，いずれは治る。

　しかし，世の中には生まれたときから一生の間，その病気を抱えて生きていかなければならない子ども，身体を自由に動かすことができない子どももいる。

　幼稚園・保育所に入園する幼児期は，この病気や障害のある子どもたちも，健康な子どもたちと同じように，家庭での保護者や家族との生活から外の世界に目を向け，集団と交わり，自分の人生をきりひらく出発点に立っているのである。

　保育者は，けっして平坦とはいえない道を歩む子どもに，「愛情」という名のエネルギーを，家族以外で初めて注ぐ存在である。

1節 からだの不自由な子ども・病気がちな子どもとは

「からだの不自由な子ども（運動障害）」「病気がちな子ども（病弱）」は，特別な療育施設での療育・保育の対象と思われがちであるが，実際は，軽度の運動障害の子どもや，病気が軽症で通院による治療管理の可能な子どもが，通常の幼稚園・保育所に少なからず在籍し，保育者が個別的に対応しているのが現実である。障害や病気が軽症であることと，配慮を必要としないことは同じではない。

子どもは，障害や病気が原因で，さまざまな場面で困難を抱えるし，健康な子どもと同じ保育の「場」であるがゆえに，療育施設などでは直面しない適応上の問題に遭遇することも多い。その一方，この子どもたちが入園してくることで，保育内容の見直しや他の子どもたちの成長・発達にとってよい影響が現われることもある。

現在の統合保育・統合教育・特別支援教育の大きな流れのなかで，今後，ますます運動障害や病弱の子どもの通常の幼稚園・保育所への在籍は，当然のこととなっていくであろう。そこで，本章では，運動障害・病弱の子どもの園でのようすとその支援に関して述べる。

2節 運動障害・病弱の子どもと幼稚園・保育所の役割

運動障害・病弱とも，状態が重症の場合には，病院への受診率や乳幼児健診により，実数を知ることができる。しかし軽度・軽症の子どもを含めると，障害や病気と健常の線引きが明確にできるわけでもなく，実態の把握はとてもむずかしい作業である。

それに加えて，運動障害や病気が入園・入所後に発症・明確化・顕在化してくる場合も多い。ここでは園生活の流れを軸として，障害・病弱の発見や困難の把握についての例をみていく。

1——園の生活と運動障害・病気の事例

(1) 登園や朝の会のようす:腎臓疾患

　障害や病気があろうとなかろうと，登園時や朝の会での子どものようすの観察は非常に重要である。子どもがその日の園の活動に参加できるのか，何か気になる点はないのかなどを把握するのである。

　A君は，この1週間ほどいつもの元気がない。よく見ると顔，とくに目が腫れぼったいようすである。寝起き特有の寝ぼけ顔と思っていたが，その状態が数日続いたために保護者に伝え，念のため病院へ行ってもらったところ，腎臓に軽い炎症があることが確認された。

　腎臓疾患にはさまざまな種類があり，子どもの場合，腎炎とネフローゼ症候群が高い比率を占める。子ども1万人に2人程度の発症である。このほか尿路感染等による急性の腎機能障害も発生しやすい。

　腎臓疾患は，疲労感と浮腫（むくみ）により気づかれることが多く，このA君も園での観察が受診に結びついた。

(2) 設定あそび・製作の時間:脳性マヒ

　製作の時間は，子どもたちを相互に比較しながら，手指の器用さつまり微細運動の発達水準を把握できる場面である。

　B君はお絵かきや紙細工が苦手である。不器用で，ハサミの使い方やクレヨンの握り方が気になる。言葉やその他の点では何ら問題がないが，微細な動きをともなう作業に困難を示す。このような場合，軽度の脳性マヒを想定することも必要である。

　脳性マヒは，脳の器質的損傷のために生じる代表的な運動障害である。子ども千人に2人程度の発症とされるが，軽度の場合には，乳幼児期の運動発達のなかでだんだんと明らかになることもある。運動発達がその他の領域に比べ若干遅れているだけと思われていたり，不器用という「個性」とみられていたものが，実は軽度の脳性マヒによるものと診断されることもある。

(3) 設定あそび・お話の時間:てんかん

　お話の時間も子どもたちを比較しながら，場面への集中や理解などの困難といった子どもの課題を見いだすことができる場面である。

他の子どもはストーリー展開に共感して小声でささやき合ったりするが，Cちゃんは，じっと紙芝居を見ている。よく観察すると，まばたきをしていないかと思うと，ふとわれに返るようなようすである。このような状況が頻繁にみられる場合，てんかんを疑う必要もある。

てんかんは，脳の器質的・機能的障害により発作がくり返し生じる病気である。子ども100人に1人程度の発症で，200人規模の園には1～2人程度は在籍している可能性がある。てんかんは，急に倒れて全身がけいれんする，大発作のイメージで語られるが，これはごくまれな状況である。多くは，短時間で終わる意識レベルの低下や脱力を示す程度で，発作と気づかれないこともある。

また診断されていても，この病気につきまとう誤ったイメージを懸念して，保護者が園に伝えていない場合もある。それが，他の子どもと比べたり，集団活動のなかで「ぼんやり」しているようすから発見されたり，確認されたりすることもある。

(4) 自由あそびの場面：筋ジストロフィー

自由あそびの場面では，子どもの好きな活動や粗大運動のようすを知ることができる。

D君は自由あそびの時間でも教室にいることが多く，活発に動くことをあまり好まない。外で遊ぶこともあるが，かけっこが苦手で転びやすく，このごろでは園庭でも地面に座って遊ぶことが多くなってきた。この場合，筋ジストロフィーを考えてみる必要もある。

この病気は，筋繊維の萎縮を主症状とし運動障害を引き起こす。子ども1万人に2人程度の発症であり，運動障害が徐々に進行することを特徴としている。したがって，入園当初は運動障害を認めなかったり，運動障害もまだ軽症でしかも低年齢でもあるため，若干の運動発達の遅れと解釈されることも多い。それが，年齢が進むにつれ，他の子どもたちと比較して「転びやすい」「ぎこちない歩き方」などをきっかけに発見されることもある。

(5) 運動あそび・体育の時間：血友病

運動あそびや体育，さらに運動会・遠足などは子どもたちの運動発達の水準や保育者の指示を理解する力などを把握できる場面である。

E君は，身体を動かすことが大好きであるが，家庭からは子どもどうしがぶ

つかり合う相撲などを避けてほしいとの連絡があった。運動会や遠足の当日は元気だが，翌日は足が痛いという理由で欠席することが多い。この場合，血友病を想定する必要もある。

血友病は，血液疾患であるが関節内に出血することで，運動障害を引き起こす病気である。軽い打撲により，大きな皮下出血を示すことも多い。男児1万人に1人程度の発症である。入園当初の3歳児よりも運動が活発になる4・5歳で，関節内出血や時には運動障害を示すこともある。中等症・軽症の血友病の場合には，大きなけがの際に，精密検査により発見されることもある。

(6) 給食の準備：糖尿病

午前の活動も終わりに近づく給食前の時間は，子どもの体力や家庭の食事・栄養や朝食のようすを把握できる場面である。

Fちゃんは，登園後の早い時間帯は比較的元気だが，午前後半の活動，とくに給食準備のころには元気がなく，不機嫌になることも多い。また，給食後は他の子どもよりもかなり眠気が強く現れる。このような場合，糖尿病を疑うことも必要である。

この病気は，血糖をコントロールするインシュリンの分泌不全や機能低下を原因とする。大人の病気と思われがちであるがこれは明らかな誤解である。病気には2つのタイプがあり，子どもに多いのはインシュリン依存型糖尿病で，1万人に2人程度の発症である。インシュリン依存型を中心にみてみると，それまで健康であった子どもが，突然喉の渇きや強い疲労感を訴え，病状が進むと意識障害が生じる。入園当初は健康に問題のない子どもが，突然意識を失って倒れることで発見されることもある。

(7) 給食の時間：食物アレルギー

給食の時間は，家庭でのしつけや子どもの偏食を知ることができるし，箸やフォークを使うときの器用さなどから運動発達の水準を把握できる場面である。

G君は，とても偏食が強い。食べることをうながすと，まるで苦いものを口にするようにして何とか食べる。しかし，食後から翌日までの間に嘔吐・発熱・湿疹がみられることもある。食べ物と直接関連があるかどうかはわからないと保護者も言うが，食物アレルギーを検討することも必要である。

これは，日常摂取している食物により引き起こされるアレルギー反応であ

る。乳幼児のアトピー性皮膚炎や喘息にも食物が関与しているとされる。子ども 50 人に 2 人程度が比較的強い食物アレルギーを，また弱いものを含めると 3 人に 1 人は何らかの反応を示すとされる。それまで家庭のなかで無意識に遠ざけられてきた食物が，幼稚園・保育所の給食で初めて提供されて，強いショック症状が生じることもあるので，注意が必要である。

(8) その他の病気

上記以外にも心臓疾患，気管支喘息をはじめさまざまな病気や運動障害，さらに視覚や聴覚に障害を示す子どもが在籍している。それぞれ個別の課題や支援のニーズをかかえながら，幼稚園や保育所で生活し成長している。多くの障害・病気は，乳幼児期から症状が現われることが多く，保護者との密接な情報交換や医療機関との十分な協力連携のもとに保育を進めるべきである。

2 ――「子どもらしさの制限」としての運動障害・病弱

通常の幼稚園や保育所では，汗をかきながら元気に跳び回り，給食も残さずたくさん食べることが当然であり，むしろ奨励される。しかし，運動障害や病弱な子どもたちは，本来は「子どもらしい」とされるこのような活動が，制限される状況といえる。

この子どもたちにとって，幼稚園・保育所は，楽しい活動や友だちとの交流の場であるとともに，制限されたことがらと直面する場，いわば矛盾した場面である。しかし，幼児期の保育がどの子どもにも重要であるように，運動障害・病弱の子どもにも同様である。

一生涯あるいは長期間，障害や病気とかかわり続けて生活する子どもにとっては，幼児期はその後に必ず障害・病気と対峙せざるを得ない学齢期・思春期の「こころ」のありようの基礎をつくる重要な時期である。

保護者にとっても，たいせつな自分の子どもが運動障害や病弱であるということを，集団生活のなかで確認するつらい場であるとともに，その場での保育者の支えや周囲の環境が，自分の子どもをその後も大事に育てていく意義とよろこびとを確認する場ともなる。

3 ——幼稚園・保育所の役割は何か

「子どもらしさを制限された運動障害や病弱の子どもへの支援」と一口に言っても，すでに障害・病気が明確な場合と，そうでない場合には，園の役割がおのずと違ったものになる。忘れてはならない点は，園は障害・病気にかかわるのではなく，子どもの育ちへの支援を行なう場であり，支援の専門家の集まりであるという自覚である。

(1) 障害・病気の診断がはっきりしている場合

障害等がすでに明らかで，診断が確定している場合は，保護者との連携のもとに子どもの育ちを重視することである。入園を決めた時点で，通常の園生活が可能だと保護者も医療者も判断したわけであり，幼稚園・保育所でのふつうの生活の保障が最も重要である。

ただし，入園前は家庭で保護者と過ごすことがふつうで，いわば障害や病気に適合した生活環境であったと考えられる。それが，入園により対人的環境も物理的環境も激変する。多くの場合，子どもにとっても保護者にとっても予想することさえなかった混乱と新たな困難に直面することになる。

これを解消するためには，子どもの障害・病気への配慮を保護者や医療者と連携して検討したうえで，「子どもらしい生活を送るためのポイント」を考えることが必要である。

(2) 障害・病気が気づかれていない場合

障害や病気によっては，幼稚園・保育所での集団生活や他の子どもとの相対的な比較により，問題が顕在化したり，新たに発見されることもある。この場合，日々の行動のなかから「気になる」情報を集め，保護者への配慮と個人情報の管理を行なったうえで療育機関や医療機関と連携し，子どもの実態の検討と支援が求められる。

ここで忘れてはならないことは，保護者に「心配な点とその改善の手だて」を具体的に伝えるとともに，公的支援体制に関する情報提供も大きな意味をもつということである。

それに加えて，障害・病気の診断がはっきりしている場合と同様，障害や病気への配慮を行ない，「子どもらしい生活を送るためのポイント」を考える必

要がある。

3節 保育の実践

1——保育実践の視点

　幼稚園・保育所の保育は，配慮された環境で障害・病弱に起因する困難への対処を経験する最初の場面であり，その後の子どもの適応促進に決定的な役割を担うと考えるべきである。この視点に立ったすみやかな実践は，園全体の保育レベルの向上と他の子どもへのよい影響として現われる。以下では，2節の運動障害・病気の事例に対応させて，いくつかの実践事例をみていく。

2——保育実践の事例

(1) 保護者や医療者との連携：血友病・糖尿病

　E君の病気である血友病について，保護者と医療者から十分な情報の提供を受けた。また，園の運動あそびの内容や運動会の種目・練習日程，遠足の目的地や歩く距離など，身体への負荷をともなう行事などに関して，保護者を介して医療者に連絡することにした。その結果，医療者が園での運動の程度や行事の詳しい内容を十分に承知していなかったことがわかった。一方，園のほうは，血液疾患である血友病でなぜ関節出血が起こり運動障害が発生するのか，出血を抑える血液製剤に関する知識や製剤の予防・定期投与などがあることを理解していなかったことが明らかとなった。園でのE君のようすを詳しく保護者に伝えることで，保護者そして医療者との相互理解が深まり，出血が起きる可能性のある行事に際しては，血液製剤の予防投与を行なうことになり，E君は行事の翌日の欠席もなく元気に園での生活を送っている。

　糖尿病のFちゃんについては，午前後半の給食準備の時間帯の元気のなさや不機嫌なようすを，スナップ写真や一定期間の行動観察記録に基づいて保護者に詳しく説明した。保護者は半信半疑であったが，医療者に伝えたところ，インシュリン注射の時間や投与量，低血糖に備えた補食の用意などを検討し，さっそく管理内容の変更があった。園での対応はこれまで通りのふつうの生活で

あるが，家庭での対応が修正された。その後のFちゃんは，給食の量の制限はあるものの，準備時間に不機嫌になることもなく，楽しい園生活を送っている。

　子どもの障害や病気の治療管理も保育も，その子どもの生活の質（QOL）の向上を最大の目的としている。そこで，この2人の事例のように，園と保護者の密接な連携と情報交換に基づき，医療者の協力を得て，園での楽しい生活（QOLの向上）が保障される方向をめざすべきである。

(2) 困難や課題のとらえ方：腎臓疾患・食物アレルギー

　腎臓疾患のA君は，治療を開始して表面上は以前の元気な姿に見えた。だがまだ激しい運動は禁止されている。ところがA君は，動きの激しいあそび「ヒーローごっこ」を再開した。そこで，担当の保育者は動きを減らすためのアイデアを実行した。A君に特別な「アイテム」を与え，見た目の「カッコよさ」で激しい動きにならないように配慮した。

　食物アレルギーのG君はお弁当を持って登園していた。園側はメニューが違うのに気を遣って，給食は別室を使っていた。しかしG君もクラスの子どもたちも違和感があり，落ち着かないようであった。そこで，厳密な食事制限のためには，家庭で食器を管理する必要もあるので，アレルゲンである大豆タンパクや乳製品を含まない素材でお母さんが作った食事を給食で使う食器に盛り付けて毎回届け，クラスでいっしょに食べることにした。初めはもの珍しそうに見ていた他の子どもたちも，以前ほど気にかけることもなくなり，またG君自身も特別扱いをされている負担感もなく，楽しい給食時間を過ごしている。

　ここでの2つの実践は，A君の場合は「カッコよさ」の保障，そしてG君には教室で同じテーブルや食器で食べることでのコミュニティの確認作業を保障したのである。子どもが何を求めているかの把握に基づく実践である。

(3) 保育内容の見直し：脳性マヒ・てんかん

　脳性マヒが疑われたB君のために，担当の保育者が製作の時間のプログラムを修正した。ハサミを持ちやすくしたりする工夫や，徐々に細かくなる図柄をクレヨンでなぞる遊び，シール貼りの教材を用意したところ，B君は自信をもって楽しんで取り組むようになった。同じクラスの子どものなかにも運動障害とはいえないものの，不器用で結果として「飽きっぽい」子どもたちが数名いたので，そのプログラムを適用すると，自信をもって製作に参加するようにな

った。

　てんかんの疑いのあるCちゃんへの支援として，作業の流れがわかるように図示する，作業のポイントで声がけする，といったことをクラスの保育者全員で確認し実行した。作業内容の提示のタイミングとしては，作業の直前だけでなく，1～2週間前の提示が必要な場合もある。その結果，Cちゃんへの支援として効果的であったばかりか，同じクラスにいる「落ち着きのない傾向」の子どもも，自分の作業の進度を図で確認したり，声がけでうながされたりすることで作業に集中できるようになってきた。

　特別な配慮を必要とするB君用のプログラムやCちゃんへの支援が，実はその他の子どもの個別的ニーズにも合致し，最終的には一人ひとりの子どもをたいせつにしたプログラムの開発，さらには子どもの実態把握についての園の考え方全体に影響を与えることとなった。

(4) 周囲への影響①：クラスの子どもたち

　筋ジストロフィーのD君は，バギー車を使って散歩をするようになった。そのようすに対して，子どもたちが理由を尋ねる姿が最初はみられた。そこで，質問してくる子どもたち一人ひとりに丁寧に何度でも答えたところ，D君にとっての配慮の必要性が理解され，特別な反応は徐々に消えていった。

　バギー車を押す役は初めのうちは保育者であったが，ある時期から何人かの子どもが自発的に押すのを手伝うようになった。そのようすをみると，順番は子どもたちで決めているようであるが，必ずD君に「押させてね」とお願いして許可をとるのが約束ごとになっていった。

　これは保育者の対応を見て，「配慮が必要な場合には自然に対応するべきであり，しかもその主導権はその本人にある」という気持ちが他の子どもたちに育ったことを意味する。世話をする際に，相手の意向を確認することが重要であることに子どもたちが気づいた例である。

(5) 周囲への影響②：配慮すべき子ども・きょうだい児

　そのようななかで，「D君だけいいな」というように，障害・病弱の子どもへの特別な配慮をうらやみ，自分にも求めるような言動が長期間にわたり消えない子どもは，障害の有無とは関係なく，別の意味において配慮を受けるべき状況にあると考えられる。

また障害・病弱の子どもの「きょうだい児」にこのような言動が現われた場合には，きょうだい児の置かれている環境のストレスの強さを認識しなければならない。まだまだ親の手を必要とする年齢でありながら，がまんさせすぎてはいないかどうか，考える必要がある。

　「配慮すべき子ども」も「きょうだい児」の場合も，日常の生活のなかであまり手をかけてもらっていない子どもの実態が，障害・病弱の子どもへの対応により副次的に現われてくるのである。

4節　「同じ生活」と「いっしょの生活」のちがいを考える

　運動障害や病気の子どもが，通常の幼稚園や保育所で生活しようとすると，困難に応じた支援が必要である。一方，子どもも，たとえみんなと「同じ生活」はできないとしても，「いっしょの生活」をするよろこびのために，懸命に治療や管理，あるいは訓練に励んでいる。保育者は，表面に見えない子どもの姿を理解し支援してほしい。

研究課題

1. 本章で述べた運動障害や病気について，それぞれの病因，代表的な治療方法について調べてみよう。
2. 難病といわれる病気の人たちにはさまざまな公的支援制度があるが，その対象となっている病名と支援の内容を調べてみよう。
3. 難病の人たちの患者会や親の会はたくさんあるが，そのうちから3つ程度を選び，活動内容をまとめてみよう。

推薦図書

- 『気になる子どもの保育と育児』　村井憲男・村上由則・足立智昭（編著）　福村出版
- 『難病の子ども情報ブック』　キッズエナジー（編著）　東京書籍
- 『新病児保育マニュアル』　帆足英一（監修）　全国病児保育協議会

Column 6

医療的に配慮を必要とする子どもと幼稚園

　Hちゃんは，軽い歩行障害を示し，排尿管理が必要である。歩行は，同年齢の子どもと活動するうえでそれほど支障がない。排尿は，尿意を感じることができないため，一定の時間間隔でカテーテルを用いた導尿が必要であった。

　両親は，Hちゃんの成長と将来の自立のため，集団のなかで育つことを望み，ある幼稚園と相談のうえで4歳から入園させた。周囲の子どもとの関係の難しさも予想していた。園も理解を示し，母親が毎日午前中1回導尿に来ることを条件に受け入れた。それ以外の保育環境には，良好に適応できると判断された。

　通園開始に合わせHちゃんは，自力導尿をマスターし，母親が来る必要がなくなった。念のため母親に，1度だけ実技指導を行なってもらった。1週目は先生が個室内で立ち会ったが，2週目からは外で待機することとなった。これは，Hちゃんの「先生，外で待っていて」という要望に沿ったものである。この時点で，導尿実技・前後の衛生管理ができるようになっていた。3週目に入ると，「私はひとりでトイレにいけます，先生は付き添わなくてもいいです」との希望を受け入れることになった。付き添わない件について，母親にも了解を得たが，園としてはトイレに出入りする様子をさりげなく観察し続けた。時間がかかりすぎた場合はトラブルが想定されるので，声をかけることに決めていたが，その必要がなく経過した。

　Hちゃんの排尿管理は将来にわたり必要なスキルである。それが，入園することをきっかけに急速に自立できたことに両親も園も驚かされた。Hちゃんは来年小学校にあがる。周囲の健康な集団との関係で時には嫌な思いをしたり，さまざまな調整が必要となることもあるだろう。

　この事例は，病気の子どもが生活し成長するうえでの困難と支援のポイントを示す。①病気・障害の人々は身体的な病気と，その病気に起因する日常生活のうえでの困難に直面すること，②病気・障害の困難を健常者に伝えるのは難しいこと，③健常者が多い社会で病気・障害の人々が生活するには，「同じ生活はできない」がいろいろな工夫により「いっしょに生活する」ことをめざす方がよいこと，である。大人の役割は，日々の支援を考えるとともに，5年後10年後の子どもの成長・自立に必要な「今の取り組み」を見きわめることである。

第7章
行動と情動の調整のむずかしい子ども

　パニックになり乱暴な行動を頻発する子どもにどう対応したらよいかという相談を受けることが多い。人がパニックになり，また平静になるメカニズムを考えると，パニックのときに子どもにどう接するかということを考えるだけでは状況は改善されない。長期的な観点に立って子どもを育てることに取り組むことが重要である。

　本章では虐待を受けた子どもを中心にして，発達障害児，気になる子どもを含めて，このような保育の悩みをどのように考えるかについて枠組みを示す。基本的な観点は，①パニックを誘発する要因は何かを明らかにする，②誘発する状況になっても快い状態を維持してもちこたえる力を育てることに取り組む，③パニックから立ち直る力を育てる，の3点である。

　行動と情動の調整が困難な子どもたちを保育することは，現代の保育の重要な課題である。本章で示す観点と枠組みを参考にして豊かな保育実践が創造されることを期待する。

第2部 障害児保育の方法と計画　第7章　行動と情動の調整のむずかしい子ども

1節　自制心の発達

　乳幼児期に子どもは自分の行動と情動をしだいに調整できるように発達する。たとえば，2歳くらいまでの子どもであれば，ちょっとしたことがきっかけになって気持ちが崩れる。パニックになり，大泣きしたり衝動的な行動をすることはふつうにみられることである。しかし，年中クラスから年長クラスの子どもになると，簡単には気持ちが崩れなくなる。

　4歳半ごろには，子どもの心には自制心が形成されてくる（田中・田中，1986）。自制心とは，行動や情動を調整する力と言い換えてもよいだろう。田中によれば，自制する心とは「〜シタイ，ダケレドモ，〜スル，ダッテ，〜ダカラ」という心のはたらきが獲得されることである。たとえば，「友だちの持っているおもちゃで遊びタイ，ダケレドモ，がまんスル，ダッテ，友だちがさきに使っているカラ」「お母さんといっしょに買い物に行きタイ，ダケレドモ，家で赤ちゃんをみて留守番をスル，ダッテ，お姉ちゃんなんダカラ」と粘り強く自分の行動を支えることができるようになる。このような自制心が形成されると，友だちの持っているおもちゃを力ずくで奪うとか，友だちをたたくとか，泣き出すということが少なくなる。

　しかしながら，子どもによっては，このような自制心の発達が順調に達成されない。たとえば，発達障害児はそのような自制心を形成するうえで困難を抱えやすい。また，乳児期からの養育が不適切な場合には，子どもは自分の行動をコントロールする力が育たない。その極端な例は虐待を受けた子どもである。一方で，障害をもっていても乳児期から適切な養育と保育を受けた子どもは，安定して情動と行動を調整できるようになる。

　「気になる子ども」などと保育現場で話題になる子どもの中心的な問題は，情動と行動の調整が困難なために，保育者からみて困った行動を頻発することである。これらの「気になる子ども」は，いろいろな要因が相互に関連しながら，幼児期になっても自制心の形成が困難な子どもである。

1──情動の調整

　頻繁に情動の調整が困難になる子どもをどのように理解したらよいだろう

か。図7-1は，そのような子どもの情動と行動の状態を図式化したものである。人はだれでも，程度の差はあっても，快く心理的に安定した状態（状態A）と，不快で不安定な状態（状態B）を行き来している。子どももまた状態を移行しながら生活している。

　乳児の快い状態は長くは続かない。このため，乳児クラスから泣き声が聞こえない時間を探すのはむずかしい。乳児は，空腹，発熱や眠気などの生理的な要因によって頻繁に機嫌が悪くなり（A→B）泣く。それを見て，保育者はあやしたり，授乳するなどして機嫌を立ち直らせる。また，保育者の姿が見えなくなることによっても不安になり泣く。その場合には，保育者がもどってきて声をかける程度で機嫌が直る。

　発達初期には，養育者のはたらきかけによって初めて立ち直る（B→A）ことができるが，しだいに，自力で立ち直ることができるようになる。また，多少のことでは気持ちが崩れないでもちこたえることができるようになる。

　このように考えると，情動と行動の調整が困難な子どもというのは，快い状態を持続することが困難な子どもであり，同時に，快い状態へ立ち直るのが困難な子どもだということができる。

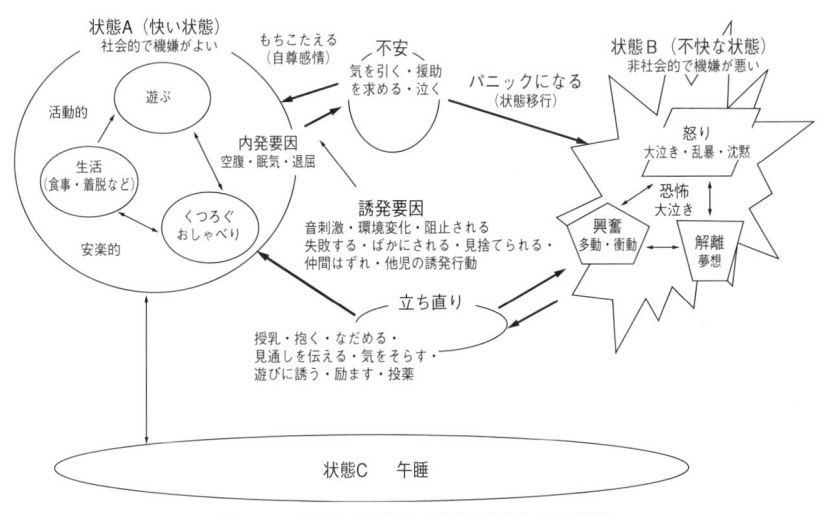

図7-1　子どもの情動と行動の状態とその移行

2 ── パニック：状態 A から状態 B への移行

　状態 A（快い状態）から状態 B（不快な状態）への移行を誘発する要因を知ることができれば，子どもが快い状態で園生活を過ごすことができるように配慮ができる。

　乳児は生理的な内発要因によって状態が移行する。通常の保育では，乳児クラスの保育者はこのことをよく知って適切な対応をしている。保育者にとってわかりにくいのは，子どもに障害がある場合や子どもの育て方に問題がある場合である。具体的な例をみてみよう。

　発達障害の子どもは，ちょっとしたことで不快な状態になるという意味で，それぞれに固有の脆弱さをもつ。

　広汎性発達障害児には感覚過敏な子どもが少なくない。このため，特定の物音や触覚刺激によって泣き出したり大声をあげることがある。親や専門の療育機関などから，子どもの特徴に関する情報を得ることができれば適切な配慮によってパニックを未然に防ぐことができる。一方，特定のものなどに強いこだわりをもつためにパニックになる。たとえば，水あそびにこだわり，他の活動に誘うと大声を出していやがる。積み木などを一列に配置することにこだわり，それが崩れるだけでパニックになる。このようなパニックを防ぐために見守るだけになるといっそう強固なこだわりになる。その子どもを長期的にどのように育てるかという視点から，時には，パニックを引き起こしても別の活動にうながすことが必要である。

　ダウン症の子どもは小柄で愛くるしいためにみんなからかわいがられる。そのためにかえって本人の意思を尊重されない扱いを受けることがある。ようやく自分ではあそびが楽しくなったときに，クラスの活動が変わり，半ば強制的に切り替えを要求されるという経験をくり返す。それに抵抗しても駄々をこねているとみられ，身体ごと持ち上げられて移動させられる。そのような活動の中断経験が不快な状態へ移行する引き金となる。

　脳性マヒの子どももダウン症の子どもと同様な経験をする傾向がある。他児と同じように移動できないために，せっかくみんなに追いついたときには，みんなは次の活動に移っていき，自分だけが取り残されるという経験をする。

ダウン症や脳性マヒの子どもが，しばしば，行動の切り替えが困難であるといわれるのは，活動の中断経験が累積されることが背景にある。彼らなりに満足し達成感を味わうような経験を保障するように保育しないと，不快な状態に移行しやすくなる。

2節 虐待を受けた子ども

1──虐待を受けた子どもの実態

情動の調整が困難なことが最も顕著で，保育者が対応に苦慮するのは虐待を受けた子どもである。

虐待的環境では，たとえば，いつ自分に暴力がふりかかるか予期できなかったり，突然，養育者が家を出て長期間帰ってこないというようなことを子どもは経験している。いずれも子どもにとっては通常の範囲を越える深刻で危機的な事態である。子どもは養育者の暴力や不在のほんのわずかな兆候に対して常時見逃さないように神経を張り詰めて生活してきたという生育歴をもつ。

このような経験は子どもの心に深刻な問題を引き起こす。たとえば，過去に受けた暴力の記憶が，保育のなかの何気ない物音や保育者の動作によって子どもの心によみがえることがある。それがパニックを引き起こす。しかし，周囲の者にとっては，子どもがなぜ突然パニックになったかを理解できない。しかも，そのときの恐怖感をまぎらわすために，周囲の子どもに暴力をふるったり，まわりのものを破壊することがある。

また，次のようなこともよくみられる。子どもは特定の保育者と徐々に関係を形成する。そうすると，しだいにその保育者が常時自分のことを配慮してくれる状態を維持しようとする。そうすると，保育者の関心が少し自分から離れる気配を感じただけで，関心を引きもどそうとあらん限りのことをする。関心を引くための最も効果的な方法は，保育者が自分のほうに来ざるを得ない状況をつくることである。たいていの場合，それは他児に暴力をふるうことであったり，大事なものを破壊することである。

パニックを起こしたときに，保育者は必死に子どもをなだめようとする。し

かし，子どもの状態が少し落ち着くと，保育者は子どもから離れて別の仕事をしたり，他児の世話をしようとする。それが，子どもの不安の引き金となりパニックを引き起こす。そうすると，保育者はまた子どものところにもどってなだめざるを得ない。そのくり返しで保育者がしだいに疲弊していくことになる。極端な例では，保育者はほとんど一瞬たりともその子どものそばを離れることができない状態になる。

2 ── 保育者が取り組むこと

(1) 虐待的環境を理解する

　虐待的な環境において最も注目すべきことは，親が暴力的であるとか親が子どもに愛情をもっていないということではない。その本質的な特徴は，環境が不安定で予測が困難であるということである。虐待する親は子どもに愛情をかけないわけではない。ひどくかわいがるかと思えば，突然，暴力的になったり見捨てるというように行動が安定していないことと，どういうときに暴力的になり，見捨てられるかを子どもが予測できないということが本質である。それが子どもの発達にとって最大の障害となる。親の心理的な不安定感と急激な情動の変動に子どもが巻き込まれてしまい，子どもはその状態から抜け出すことができない。

(2) スキンシップを多用することは有害である

　いまのところ，深刻な虐待を受けた子どもを保育する有効な方法があるとはいえない。しかしながら，一般的に虐待を受けた子どもは愛情が不足しているのでスキンシップが重要であるという考えがあるが，それは必ずしも正しくないことを考える必要がある。

　スキンシップはもっとも強力な立ち直り刺激である。虐待を受けた子どもにスキンシップを多用すると，子どもは常時，それを求めるようになる。保育者は自分の手が空いているときには応じることができるが，都合がつかないときには応じることができない。それが子どもの気持ちを不安定にする。その状態が続く限り，子どもは自分の意思によって環境をコントロールできる可能性を信じることができない。

　また，しだいに子どもは激しいスキンシップを求めるようになる。それに対

して保育者は困惑しいやな感情を抱くのが自然である。保育者はそういう感情を押し殺してスキンシップしなければいけないと考えるようになる。そうなると，子どもは自分が愛されているのかどうかについて疑念をもつようになる。その不安な気持ちが，さらに要求をエスカレートさせて，どこまで自分の要求にこたえてくれるか試そうとする。それに保育者は耐えられなくなり，結果的に担任を変えるというような対応をとらざるを得なくなる。そこで子どもは，またしても見捨てられたという経験をすることになる。

(3) 安定した環境をつくる

　虐待を受けた子どもを育てるうえで最も重要なことは，環境は安定しており，自分が環境にはたらきかければ報われるという信念をもつことができるようにすることである。保育所生活にはルールがあり，ルールを守ることによって自分の利益を得ることができるということを実感させることである。視点を変えて言い換えれば，その場その場の利益だけを考える行動から，長期的な時間のなかで自分の利益を考えることができるように，彼らの心のなかに時間をつくることである。それを保育でいかに実現するかが課題になる。

　虐待を受けた子どもは自分の不安定な情動と行動に保育者を巻き込もうとありとあらゆる手段を使う。故意に人のいやがることをしたり，過剰に甘えたり，攻撃的な行動をする。それらはほとんどがルール違反である。それらの行動に対して「スキンシップ」や「叱る」などの対症療法的な対応をとる限り，彼らの心に時間は生まれてこない。

　子どもの行動にふり回されないような体制をつくり，保育所の生活とルールが揺らがないことが，彼らを育てるときの前提になる。それは，担任保育者が単独でできることではない。仮に，その子どもの保育は担任保育者の責任だとされて，子どもが破壊的な行動をすることが，その保育者の力量の問題とみなされる状況にあるとする。そうすると，保育者は「スキンシップ」でなだめたり，「叱る」ことで行動を沈静化せざるを得なくなる。園全体で協議して，園全体の責任によって長期的な視点に立って育てる体制を整えることが重要である。

3節 気になる子どもと発達障害児

　気になる子どもとは多様な子どもが含まれる。そのなかには，最近話題になる発達障害児が含まれる。保育現場でもアスペルガー障害を含む広汎性発達障害（PDD），注意欠陥多動性障害（ADHD）などが話題になっている。これらの子どもは，知的な面では明確な遅れがないにもかかわらず，情動の調整が困難で対応に苦慮する行動を頻発することが多い。

　PDD児は対人関係にかかわる障害をもち，周囲の人と円滑にコミュニケーションをすることができない。その一方で，特定のことに強い関心とこだわりをもつ。その結果，その場にふさわしくない行動やルール違反などを頻発する。一方，ADHD児は，その時どきの刺激にふり回されるようにして多動や，衝動的，不注意な行動をする。

　このような子どもは，2，3歳ごろから，行儀が悪い，しつけが悪いとみなされるような行動を頻発する。このため，親は何とかしつけようという気持ちから，どうしても子どもの行動を制止，禁止したり，叱ることが多くなる。園でも，保育者から制止，禁止，叱責され，しだいに，他の子どもからもそういう扱いを受ける傾向がある。このようなくり返し累積される叱責経験は，子どもの心に深刻な問題を形成する。

　幼児期後期になると，ささいなことで状態Aから状態Bへ移行するようになる。それを誘発する要因のなかでも，「負ける」「ばかにされる」「一番になれない」という自己評価にかかわることがめだってくる。その背景に自尊感情の未熟さとプライドの敏感さがある。

　自尊感情とは，人と共同しながら，自分なりにがんばってやり遂げたというような経験によって培われる安定した感情である。自発的な行動を阻止，禁止され，叱責された経験は彼らの自尊感情の育ちを阻害する。一方，プライドとは，その場その場での他者などの外的な評価によって昂揚したり傷ついたりする不安定な感情である。勝ったりほめられたときにはプライドが高揚して有頂天になる反面，負けたり叱られたときにはプライドは傷つく。プライドが傷ついたときに激しい情動と行動を引き起こすことになる。

　叱責されることと同様にほめられる経験も彼らのプライドを揺さぶるので，

発達にとって有害である。「ほめて」育てることはできない。自尊感情は「励ます」ことによって育つ。子どもに挑戦しがいのある課題を与え，がんばる過程を見守り，時には，支援して困難を乗り越える経験をつくることができるようにすることが，励ますということである。そして達成したことをいっしょになってふり返り「楽しかったね」「がんばったね」と言語化することによって自尊感情が育つ。

　誘発要因として注意すべきものに，他の子どもの挑発行動がある。気になる子どもなどに対して，その子どもが傷つくと容易にパニックになるのを熟知して，意図的にそれを挑発する子どもが出てくることがある。その場合，挑発する子どもに言い聞かせたり叱ることは有効ではない。たいていは，挑発する子どももまた自尊感情が未熟で，挑発することによって自分を認めてもらいたいというような場合が多い。したがって，パニックを起こす子どもだけでなく，潜在的な不安定さをもつ挑発する子どもも含めて全体への対応が必要になる。

4節　状態Aを豊かに育てる

　自分が保育する子どもについて，状態Aと状態Bの内容を描いてみるとどうなるだろうか。おそらく気になる子どもでは，状態Aの内容が貧困であるのに反して状態Bは大きいのではないだろうか。一方，情動と行動が安定している子どもでは，状態Aの内容を豊富に描くことができるはずである。

　状態Aに豊かな内容があれば，子どもは状態Aを持続的に維持できる。言い換えると多少の誘発要因があっても快い状態をもちこたえることができる。また，状態Bから立ち直ることも容易になる。たとえば，食欲が旺盛であれば，状態Bにいても，給食の準備になったとたんに立ち直ることができるし，給食中は多少の誘発要因にさらされても状態Aを維持できる。水あそびが大好きな子どもは，プールと聞いただけで機嫌がよくなる。これらはわかりやすい例である。

　気になる子どもをあそびに誘うと，あそびが下手なことに驚くことがある。しかも，年長にもなると，自分でそのことを自覚している。あそびが下手であることが露見しないように，あそびに誘われても応じない態度が形成されてい

ることがある。そのような子どもは，楽しむことができるあそびが少ないままに放置されてしまう。それが状態Bからの立ち直りを困難にするだけでなく，ちょっとしたことでプライドが傷つき状態Bへ移行してしまう。

　子どもが情動と行動を調整することができるようにするには，状態Bのときに言い聞かせたり叱るというような対症療法的な対処ではなく，長期的な視点に立って少しずつ状態Aの内容を豊かに育てることが必要である。

研究課題

1. 情動と行動の調整が困難な子どもを1人イメージして，図を作成し，その子どもの状態A，状態Bの内容，誘発要因，立ち直り刺激は，それぞれどういうものがあるか，できるだけ具体的に記入してみよう。
2. 情動と行動の調整が困難な子どもを長期的に育てたとすれば，作成した図がどのように変化するべきかを考えてみよう。

推薦図書

- 『育ちあう乳幼児心理学』　心理科学研究会（編）　有斐閣
- 『Emotional development: the organization of emotional life in the early years』
  Sroufe, L. A.　New York: Cambridge University Press
- 『発達障害の豊かな世界』　杉山登志郎　日本評論社
- 『そだちの科学　No.2　子ども虐待へのケアと支援』　滝川一広・他　日本評論社
- 『発達　94号　落ち着きがない子への援助』　浜谷直人　ミネルヴァ書房
- 『困難をかかえた子どもを育てる――子どもの発達の支援と保育のあり方』　浜谷直人　新読書社
- 『発達障害児・気になる子の巡回相談：すべての子どもが「参加」する保育へ』　浜谷直人（編著）　ミネルヴァ書房

Column 7
障害児の統合保育と巡回相談

　わが国では，1970年代の半ばから多くの自治体で保育所における障害児の統合保育が制度化され普及した。障害児保育では，障害児の発達を実現することが重要な課題であった。その実現には，保育所が障害や発達に関する専門的な知見を導入して質の高い保育をつくることが求められ，保育者の研修，加配置，巡回相談などの制度が整備された。全国的な調査によれば，自治体で巡回相談制度が高い率で実施されている。一方で，幼稚園についてはこのような制度はきわめて少ないという問題がある。

　巡回相談とは「専門機関のスタッフが保育所を訪問して，子どもの保育所での生活を実際に見たうえで，それに則して専門的な援助を行なうこと」である。筆者らが都内近郊のQ市で実施している巡回相談は次のようなシステムになっている。まず保育所で相談依頼の合意形成を行ない，保護者の承諾を得たうえで，依頼書（児童の発達と障害，医療育歴，家庭・保育状況，相談事項）を作成して担当課に申し込む。相談当日は，相談員と担当課職員が保育所に出向き，保育者から最近の子どもと保育の状況を聴取し，設定保育場面，着替え・食事・排せつなどの生活場面，自由あそび場面などでの子どもと保育の状況を観察する。その途中に新版K式発達検査による発達評価を行なう。最後に午睡時間に，職員（保育園長，保育者数人程度，看護師など）が参加してカンファレンスを行なう。そこで相談員が所見と助言を述べ，それを参考にして，これまでの保育を検討し今後の方針について話し合う。後日，相談員はカンファレンスでの議論もふまえて，評価所見と助言を記載した報告書を作成する。それが担当課を通して保育所に送付される。

　浜谷（東京発達相談研究会・浜谷，2002）は，巡回相談は，保育者に対して，保育実践（言葉の発達をうながす，問題行動への対処など），保育者の組織化（職員間の協力関係の形成），保護者との協力，専門機関との連携，行政への要求，力量形成（発達や障害について理解が深まる），心理的安定のそれぞれの支援効果があると指摘している。

　保育上の悩みや課題について，保育者集団が相互に話し合いながら研究することが基本である。しかし，多様な専門家が子どもの発達や障害について研究したり，保育や子育てにかかわっている。保育の質の向上のためには，それらの他の専門家から知見を導入し，連携協力することも重要である。

第8章 言葉の遅れのある子どもの保育

　小学校入学までに子どもは母語による話し言葉の世界を獲得し，それを基礎に読み書きという書き言葉の世界へ入っていく。言葉は発達の指標のひとつとして目につきやすく，言葉の遅れは保育現場のなかで気づきやすい。発達には個人差があるため，ある時期の言葉の遅れをみていくときには，およそ6か月ぐらいの幅は個人差とみなすことができる。

　言葉をしゃべらない，言葉が増えない，会話が成立しない，発音が不明瞭，つっかえたり，どもったりするなどの言葉の問題は，保育現場のなかでは非常に気になることである。本章では，保育における言葉の問題について，どのようにとらえたらよいか，またその対応をどのようにしたらよいのかを学ぶなかで，言葉に遅れのある子どもの保育についての理解を深めていきたい。子どもたちの日常活動から具体的な保育活動での支援のきっかけをつかむために，子どもたちが現実に生活する場面での言葉の発達支援という視点で整理してみたい。

第2部 障害児保育の方法と計画　第8章 言葉の遅れのある子どもの保育

1節 言葉の発達とその障害

　幼児期の言語社会適応能力としては，年齢に応じた指示理解力，あいさつや返事をする，自分の感情や気持ちを3～4語文で話す，絵本・テレビの内容や自分の経験を話す，聞いたことを伝えられるなどが目安となる。これら言語発達をうながすには，構音，語彙，統語，意味，言語の語用面への配慮が必要である。言葉の発達とその障害を整理してとらえるために，言語の3領域，言語発達の規定因，言語障害の臨床像を図8-1に示した（秦野，2001a）。

言語の3領域
コミュニケーション（語用）
発声・発語
言語

言語発達の規定因
中枢神経系の発達
認知発達
社会情動発達

言語障害の臨床像
知的障害（精神遅滞）
自閉症　広汎性発達障害
特異的言語発達障害
脳性マヒ・重症心身障害
聴力障害
養育環境の貧困

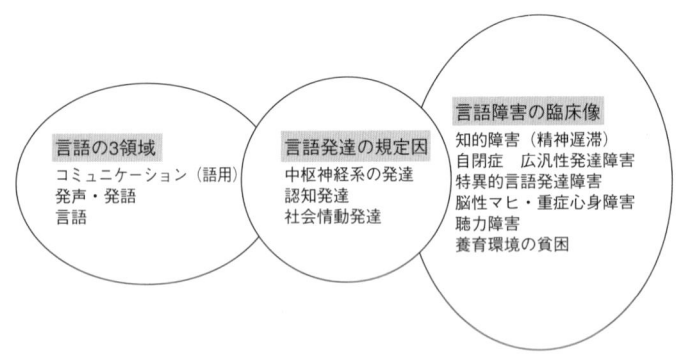

図8-1　言語の3領域，言語発達の規定因，言語障害の臨床像（秦野，2001a）

1──言語発達の規定因

　言語発達を規定する要因には，①中枢神経系の発達，②認知発達，③社会情動発達がある。中枢神経系の発達とは，生得的な脳機能のはたらきのことであり，聴覚・構音機構・随意運動の発達などが含まれる。認知発達とは，ものの操作や形態の区別，記憶など事象理解が含まれる。社会情動発達とは，生活経験を通した人とのかかわりであり，子どもは特定の人との愛着を絆に何かを共有すること（share）によって対人関係を成立させ，これが言葉のやりとりの基礎になる。子どもは，乳児期からの授乳を通して，また「いないないばあ」などのあやしを通して，ものの受け渡しなどのやりとりを通して，みられる相手の態度・表情・身ぶりなどから，他者からのはたらきかけに何らかの意味があることを知り，相手の意図をくみ取り，相手とのやりとりで番交替（turn）

のタイミングなどを学ぶ。

2 ── 言語の3領域

　言葉の発達は，聴覚などの生物学的側面を基礎に，乳児期から育ってくるコミュニケーション能力という基盤のうえに，対人活動や認知活動のなかに組み込まれ，他の心的機能と密接な関係をもって発達する。言葉の発達は，発達全般への配慮という日常的なはたらきかけにその育ちの多くの重要な要素が含まれている。

　言葉は，①コミュニケーション（語用：pragmatics），②発声・発語（speech），③言語（languege）の領域からなる。コミュニケーション領域とは，乳児期からの対人関係における社会的相互作用を基礎とした言葉の使用の側面である。子どもはしゃべり始めるよりもずっと以前に相互的コミュニケーションを成立させ，その基盤のうえに，話し言葉の理解や発話が育ってくる。発声・発語領域とは，音声表出過程を示し，母語の音声を獲得していく過程や，はっきりしゃべらない（構音障害），滑らかにしゃべらない（吃音），発声の異常（音声障害）などである。言語領域とは，語彙数，意味理解，文法など記号としての言葉をいう。

3 ── 言語障害の臨床像

　言葉の遅れが気になったときに，その子どもが育ってきた背景や経過をおさえつつ，現在，言葉の発達のどの領域にどのような遅れや偏りがあるのかを，発達検査や日常の行動観察，また養育者からの情報も含めて総合的にアセスメントを行なう。言葉の遅れがコミュニケーションか，発声・発語か，言語か，それらの複合的な領域かを判断することは，その後の指導や保育のあり方を方向づける重要なポイントとなる。

　また，その子どもが言語障害の臨床像のどこに分類されるか，すなわち知的障害（精神遅滞），自閉症，広汎性発達障害，特異的言語発達障害，脳性マヒ・重症心身障害，聴力障害，養育環境の貧困などのどれに該当するかが明確になると，障害特性に応じた支援につながる。たとえば聴覚障害であった場合，聞こえの問題がその背景にあることを配慮して，視覚的手がかりを用いて援助し

ていく。精神遅滞であった場合，わかりやすい表現を用いること，また言語を教える際の状況の手がかりを豊富にし，くり返し教えるなどの方法をとる。

4 ── 個人差か障害か

しゃべり始めて間もない時期には，言葉の発達は個人差なのか，あるいは障害なのかの判断がむずかしい（秦野，1996，2001b）。1歳6か月健診で，発語がなく言葉の遅れを指摘された子どもたちのうち，その後急速に言葉を獲得する子どももいれば，語彙が増えず遅れが顕著になってくる子どももいる（秦野，1996）。言葉の発達は，運動，認知，社会情動が，相互に連関し合うため，言葉の遅れに気づいたときに，日常生活のなかで豊かな言語発達環境をどのように整えていくのかが，言葉を育てる鍵となる。

2節 保育環境と言葉の育ち

障害のあるなしにかかわらず言葉を育てる環境とは，生活をともにする周囲の人から子どもが受けとめられることを原則とする。子どもの育児や教育に携わる大人は，子どもを安心させるような環境やかかわりをしながら，日常的にも，子どもの興味や関心と結びついたことがらについての経験を少しずつ広げていくようなかかわりが求められる（小山，2000；秦野，2002b）。子どもに対して言語知識を増大させるためだけに言語訓練を行なうのではなく，また行動形成的な早期訓練をするのでもなく，子どもが一人ひとり自ら育っていくような発達的視点に立ち，親が豊かな子育てができるように支えていくという，各家庭や子どもの個別ニーズにあった支援（Individual Family Support Plan: IFSP）が望まれる（秦野，2001b）。

保育所は子どもが一日の大半を過ごす生活の場であるがゆえに，その生活の質は子どもの発達に大きな影響を与える。保育所での生活は，食事，排泄，午睡，着脱などの基本的要素より構成されている。それでは，保育所環境は，言葉の発達にいったい何を提供するのだろうか。

1——生活のなかに組み込まれたスクリプト

「生活スクリプト」は保育所生活のなかで，言葉の発達を支える基礎となる。スクリプト（script）とは，一般化されたできごと表象のことであり，たんに個人のエピソードの寄せ集めではなく，現実世界での経験に基づく一般的知識構造である。たとえば保育所の一日の生活を取り上げてみても，朝の集まり，手洗い，散歩，食事，歯磨き，昼寝，おやつ，などについてのそれぞれのスクリプトが形成される。スクリプトが形成された子どもは，「おやつですよ」という言葉かけだけで，いま行なっている遊びを中断して，おもちゃをかたづける→手を洗う→席について配膳を待つ→みんなの準備が完了したらあいさつをして食べる，などの一連の行動を行なうことができる。

身近なできごとについてスクリプトを形成すると，現実世界や会話，これからさきのプラン，知識の体制化をするときに，スクリプトが自動的に活性化される。スクリプトは子どもに次の行動の流れや見通しをもたせるので，子ども自身も気持ちが安定し，主体的に活動参加できるので，生活の流れはスムーズになる。

子どもが日常的なできごと経験をスクリプト化していくための大人のかかわり方としては，たとえば歯磨きや食事などは，決まった場所や座席で決まった手続きで行なわれ，大人からは同じような言葉かけや行為がなされるなどの配慮が必要とされる。スクリプト知識の獲得は，子どもが生活のなかで言葉の理解を高め，予測できる行動を増やし，他者との相互的関係を高めていくことへの大前提である。保育所の生活のなかでの経験の積み重ねが，この絶好の機会となる。

「いただきます―ごちそうさま」「入れて（遊ぼう・かして）―いいよ」「もういいかい―もういいよ」「行ってきます―行ってらっしゃい」「ただいま―おかえり」「ごいっしょに―いただきます」などの決まりきったやりとりは，生活スクリプトやあそび仲間との交渉を通して，相手との関係や状況に応じて使い分けていくように育ってくる。

また子どもが保育所での当番活動に意欲的に取り組むことにより，その状況にふさわしい言語表現習得につながる。たとえば給食当番活動の役割を果たす

ために，ふだんは使わないような丁寧語で「姿勢を正してください」「手は膝に置きましょう」「今日のメニューは，レバーのトマト煮とポテトサラダ，プチトマトです。デザートはメロンです」「用意はいいですか」「ごいっしょに，いただきます」などの一連のあいさつ言葉を暗誦して，みんなの前で披露しなければならない。この他にも，毎月定例の誕生会，発表会にあわせて歌の歌詞を覚える，劇のせりふを覚えるなど，保育所活動で子どもの動機づけを高める（consciousness raising）ことにより，ふさわしい言葉の表現を学んでいく。

2 ── 子どもどうしの日常的出会い

　子どもは，同年齢，異年齢の他児の活動に興味をもち，集団のエネルギーに吸い込まれるように活動に参加することがある。日常的に新しい状況や場面における出会いやコミュニケーションの機会が提供される保育環境は，子どもが実際的で効果的な言葉の使用能力を身につけていく土壌となる。
　子どもどうしのあそびにみられる要求と拒否は年齢によって異なる（秦野，2003；秦野，2004）。相手が持っているおもちゃがほしいとき，2歳児は「だめ」と相手の行動を阻止するような単純否定や，「ちょうだい」「かして」のような直接要求だけであったが，5歳児になると「○○もやりたい」「これぼくの，こっちが君のでしょ」「2回ずつで交代」「みんなで，順番だよ」など規範やルールを示して自己正当性を高めていく。クラスの子どもたちのなかに，どのようにその子どもを仲間入りさせていくか，また職員間での役割分担をどのように行なっていくかということも，保育者のコミュニケーション支援に含まれる。

3 ── 語り（narrative）

　絵本やテレビの内容を語る，過去経験を語る，生活スクリプトを語る，などは子どもの生活に組み込まれ意識せずに行なわれる。
　保育所生活では，クラスごとの「朝の集まりの会」で，昨日のことを尋ねられたり，夏祭りや運動会のあとに楽しかった行事の思い出を語るという，生活発表の機会が日常的に設けられている。そこでの発話態度として，「前に立って」「大きな声で」「はっきりと」「みんなに話す」などが期待される。発話内容としては，「いつ」「どこで」「だれと」「何を」などが語られるよう保育者により

援助される。たとえば，不十分な子どもの語りに対して「電車乗ってどこへ行ったの？」「昨日，お出かけしたの？」「何して遊んだの？」などの援助により，子どもが何をどのように語るのかの枠組みが示される。また，その経験が「楽しかった」「おもしろかった」などの子どもの内面的感情という体験の意味づけも問われる。これにより他者との経験の交流や共有が可能となる発話術を知る。大人は発話者である子どもの認知環境にそって，ゆっくり話題をふり，子どもの内的世界を共有しながら確認するという足場かけ（scaffolding）の役割をする。

3節 生活のなかでの言葉の支援

1——言葉を育てる豊かな生活経験

言葉の発達支援の目標は言語知識の獲得だけにあるのではない。日常というより自然な社会的文脈のなかで，他者とのコミュニケーションを基礎にしたあそびや，日常的なできごとの体験をどのように積み上げていくのかという，言語使用の背景となる活動も支援の目標となる。また，大人はどの程度，意識的に子どもの行動にかかわっていけるのかを試みることも目標の1つである。

2——生活のなかでの言葉の発達支援

他者とのやりとりにおいてもスクリプトが相互に共有されていれば，相手の行為の背景や状況が理解できるので，相手のはたらきかけに対して適切な応答が可能となる。効果的に会話をするためには，会話相手との間に共有されたスクリプト知識は必須なものであり（秦野，1997），スクリプト知識を相互に共有しない会話ではトピック内容の維持は困難である。

子どもは日常的できごとに関する共有された知識を利用し，他者とテーマあそびを持続させる。このようなスクリプト知識は，すべての認知発達の基礎をなし，物語を理解したり，過去のできごとを思い出したり，他の子どもと会話をしたり遊んだり，将来のできごとのプランを立てるような認知プロセスに関係することが指摘されている。

4節 言葉を育てる保育支援

1 ── やりとりを育てる

(1) やりとりの始まり

　他者からのはたらきかけに関心を示し，相手に注意を向けることは，コミュニケーションの始まりである。通常，子どもは生後6か月ごろ，自分に対する話しかけが何らかの意味をもっていることを知り，ふり向いて相手の話しかけに注目する。名前を呼ぶ，あいさつをするなどのプレアナウンスは，他者からの話しかけに注目する姿勢をつくる。「いないないばあ」などのあやしのくり返し，ものの受け渡しや，ものをあげる・もらうなどのコミュニケーションを通して，子どもはコミュニケーションへの参加のしかたを学び，相手との気持ちの交流を深める。楽しい相互作用は人への志向性を高め，コミュニケーション意欲や態度を育てる。

(2) 共同注意の障害と自閉症

　1歳6か月を過ぎた子どもは，みずから積極的に他者との共同注意 (joint attention) を成立させ，他者とのコミュニケーション基盤を築こうとするが，通常自閉症児が共同注意，すなわち他者の視線の方向に自分の視線を合わせる行動に困難をもつことが指摘されている。

　自閉症児に対しては，見せる (showing)，指さす (poiting) などのはたらきかけを意識し，また判断に迷ったりまちがえたりしたときに，養育者の反応を見ようとする社会的参照 (social referencing) などの場面をつくり，大人から，視線を共有する，指さしで教示する，いっしょに見るなどの指示行動 (indication) を意図的に行なうようにする。

2 ── 言語獲得初期にある子どもを育てる

(1) 意味理解力を育てる

　他者からのはたらきかけに気づき，やりとりが成立するようになった子どもに対しては，言葉の意味理解力を育てるようなはたらきかけをする。たとえば「おいしかったね」「寒かったぁ」「いいにおい」「きれいだねぇ」など，日常生

活のなかで，大人が感じたことを子どもに対して表現することで，子どもは目に見えないこと，心に感じたことをこんなふうに表現するのだということを経験的に学ぶ。

コミュニケーションには，たんに情報を伝えることだけにとどまらず，他者とかかわることによって社会情動的に交流することも含まれている。「とてもがんばったね」など相手の行為に共感する，自分が知っていることを教えて情報を共有することで他者と共通世界を築くような経験をしながら，人と人との関係のなかで言葉を育てることが基本となる。

(2) 発声・発語を意味づける

発声を状況や特定の事象に意味づける。子どもの行動（行為・発声・発語）をまねたり，子どもの行動や気持ちを言語化したり，大人自身の行動や気持ちを言語化したり，子どもの発話を意味的・文法的に拡張したり，子どもの発話（発音・意味・文法・使い方）のまちがいを正しい表現にして子どもに返したりすることなどである（表8-1）。

表8-1 言葉かけや反応モデル（竹田・里見，1994より）

名　称	内　容
ミラリング	子どもの行動をそのまままねる
モニタリング	子どもの声や言葉をそのまままねる
セルフトーク	自分の行動や気持ちを言語化する
パラレルトーク	子どもの行動や気持ちを言語化する
リフレクティング	子どもの言い誤りを正しく言い直す
エクスパンション	子どもの言葉を意味的，文法的に広げて返す
モデリング	子どもが言うべき言葉や行動のモデルを示す

2節2で示した子どもの発話「だめ」に対して，「だめじゃないでしょ」と頭ごなしに否定せず，「そう，……こっちが欲しかったのねぇ」と子どもの気持ちを解釈し代弁する。

(3) 要求行動を育てる

自分の要求を言葉で相手に伝えるようになるのは，幼児期の言語発達支援で重要である。相手に対する要求を，直接行動で実行するのでなく言葉で伝える，その場や相手にふさわしい言語表現を用いる，自分の要求がうまく伝わらない

とき，相手にわかるように表現を言い換えるなどは，言語の語用面で重要である。

　自己主張を通して自分の意思を実現するために言葉で伝えるという経験を積んできた子どもは，自分の思い通りにならない場面や，他者の自己主張とぶつかり合うような経験を通して，自己抑制を身につけ始める。幼児期は，自己制御（self-regulation），すなわち自己主張と自己抑制をバランスよく発達させることが期待されるが，自己制御の発達は社会的背景の影響を大きく受ける。子どもに否定的感情が生じたとき，その気持ちを調整していくために大人が共感的にかかわるような役割は重要である。

(4) 子どもに向けられた発話

　子どもに向けられた発話（CDS: Child Directed Speech）は，子どもの表現を最大限に引き出しながら，やりとりを展開し，子どもの言葉の発達を促進するとされる。その特徴を具体的に述べると，文法的単純化（発話の長さが短い），表現が文法的（非文法的表現は使わない），冗長な表現（少数の語や節をくり返す），意味的制約（「いま，ここ」の具体的なことについてコメントする），韻律的特徴（ゆっくりしたテンポ，高いピッチ，誇張したイントネーション）である。これらを言葉かけや反応技法としてインリアル（INREAL: Inter REActive Learning and communication）アプローチでは取り入れた。

5節　会話と語りを育てる保育支援

　会話を育てるためには，1節で述べたコミュニケーション，すなわち言語の語用面が重視される。実際には話し手と聞き手が順番に話す，話し手の話題に合わせる，などの相互調整が必要である。一方的にしゃべりたいことだけは話すが，相手に合わせて話を聞くことのできない子どもや，しゃべりたいことをどのように表現するのかの適切な表現手段をもたない子どもは，まず子ども自身のペースで，大人との会話や，やりとりを楽しむことから始める。

　言葉が育つのは安定した人間関係がその基礎にある。ゆっくりした雰囲気のなかで，静かに子どもを見守り，子どもを知る，ということをインリアルアプローチでは基本行動としている。実際には大人がとる行動としてソウル（SOUL:

表8-2 SOUL:インリアルアプローチの大人の基本行動（竹田・里見, 1994 より）

名　称	具体的行動
S : Silence	子どもを静かに見守り
O : Observation	子どもの興味やあそびを観察し
U : Understanding	子どもの気持ちや発達レベルや問題を理解し
L : Listening	子どもが言おうとしていることに心から耳を傾ける

Silence, Observation, Understanding, Listening) という4つ姿勢をすすめている（表8-2）。

1 ── 意図的コミュニケーションの学び

　幼児期を通して子どもは自分の言葉が相手にどのように伝わるのかを予測しながら，言葉を効果的に使用することを学習していく。そのなかでは，①会話の主導権を子どもにもたせる，②トピックを共有する，などが望まれる。具体的には，子どもが話し始められるように何秒間か待つ，子どものやりとりのリズムに合わせる，子どもの発語をひろって，会話のやりとりが継続するように配慮することで，子どもが主体的に会話に参加できるようになる。

　また「行ってきます─ただいま」など，隣接対といわれる慣用的な決まりきったやりとりができると，毎日の生活のなかでくり返し行なわれていることについては会話パターンが成立する。そのうえ，特定の状況での決まりきった言葉のやりとりは，限定された話題，限定されたやりとりから，さらにトピックを維持し発展させるために質問をする，説明をする，相手の意図を確認する，相手の意図をより明確にするような明確化要求をする，トピックに関連あることを言う，など会話の原則，関連性の原則に則したふるまいが求められる。このような経験が，文法表現の発達とあいまって会話調整の能力を発達させる。

2 ── 語りを育てる保育

　自分自身が経験したことを語る，知っていることを説明するという経験を通して，子どもは何をどのように語るのかを学ぶ。聞き手と相互に情報を共有する過程のなかで，相手の知っていることと自分の知っていることのズレを調整しながら，言葉の表現を精緻化していく。

子どもが語りを始める前提条件として，子どもを語り活動に巻き込む大人の存在，語りたい気持ちを高めてくれる大人の存在が必要である。実際，大人は子どもとの会話のなかで，「プールの思い出」「遠足のできごと」など過去経験についてのやりとりを行なう。また，大人自身が「ママの小さいころは……」など自分の過去を子どもに語る，「熱が出た」「よく食べた」など，大人に語られる子ども自身の過去についてもくり返し聞くという経験がある。さらには絵本の読み聞かせで，すっかり暗記してしまった物語を語るなどというのもある。

　子どもが話したいと思うような経験を引き出す大人の役割が問われる。家でのできごと，おもしろかったり，悲しかったりしたできごとをじっくり聞き，語りたい話題を決めるのに寄り添い，興味をもって聞き，情報の追加を求める大人の存在は，子どもの語りを育てるのに欠かせないのである。

研究課題

1. 子どもが「ジュースが飲みたい」という要求は何通りの言葉で表わされるだろうか。さまざまな場面を想定して10個以上の表現を考えてみよう。
2. 小さい子どもと10分間，どんなことでもよいので会話をし，そのやりとりをビデオ録画または音声録音をしてみよう。やりとりが途切れたり，応答が適切でない場面を取り出してそれを分析してみよう。

推薦図書

- 『ことばの発達入門』　秦野悦子（編）　大修館書店
- 『ことばの障害入門』　西村辨作（編）　大修館書店
- 『ことばの障害の評価と指導』　大石敬子（編）　大修館書店
- 『ことばが育つ条件』　小山正（編）　培風館

Column 8
言葉の発達で気になる子どもを見逃さないために

言葉の遅れにかかわる気になる症状と障害との関係を整理してみよう。

①**聴覚障害** うしろから呼んでもふり向かない，テレビや電話の音に反応しない。乳児期後半で表情や反応はわるくないが，喃語が増えないなどは聴覚障害である可能性を考慮して子どものようすをみていく。片方の耳だけが聞こえていない場合には気づかれにくい。ささやき声だと聞こえないが，はっきりと明瞭な話しかけには応じるなど，子どもの日常観察をもとに聴力検査を受けることも考慮に入れる。

②**知的障害（精神遅滞）** 10か月ごろになっても，「だめ」「危ない」などの簡単な禁止の言語理解がない，バイバイや指さしをしないし応じない，「ちょうだい」「どうぞ」のものの受け渡しができない。また1歳半を過ぎても言葉らしい言葉が出ない，コップやスプーンなど日常的な道具の用途がわからない。さらには2歳を過ぎても，2語発話がみられないなどは精神遅滞，すなわち全般的な知的発達の遅れにともなう言葉の遅れが想定される。

③**自閉症** おとなしい，笑わない，音声への反応が乏しい，視線が合わない，視線を合わせようとすると避けるなど，人とかかわるのが苦手なようすがみられる。耳が聞こえないように思われるが，興味があることには素早く反応することから聴覚障害と区別される。他の子どもに興味を示さず，同時にひとりあそびに熱中する，習慣を変えるのをいやがるなど興味関心の偏りがみられる。また，語彙は豊富で3～4語発話もするが，自分の気持ちを伝えたり，相手の気持ちをくみとるような言葉の語用面の問題をもつ。

④**構音の障害** 言葉の遅れにともない発音が不明瞭である，また言葉の遅れはないが特定の構音に障害のある子どもがいる。幼児期に最も頻繁にみられるのは機能性構音障害であり，これは構音器官の構造上の問題はなく，神経学的な異常も認められないが，発音に一貫した誤りがみられるものである。子音のゆがみや省略，置換（「サカナ」が「タカナ」，「カラス」が「タラス」など），音節の省略など多様である。幼児期の誤構音は，発音の指導と必ずしも結びつかないことのほうが多い。その理由として，音韻への意識がない4歳以前の子どもは自分の誤構音に気づかないので，発音を言い直させるなどのかかわりが効果的でないばかりでなく，子どもの発話意欲を低下させるというマイナス面が大きい。

第9章
園での保育の計画

　障害をもつ子どもの保育を進めるにあたって，保育者は障害をもつ子どもに対する具体的はたらきかけを工夫するだけでなく，健常児へのはたらきかけ，保護者との関係づくり，園内の連携体制の確立など，さまざまなことがらにかかわっていくことが必要となる。
　その際，保育者は，子どもたちの状態や保護者が置かれている状況に応じて，しばしば自分のはたらきかけを柔軟に変化させていくことが求められる。しかし，保育者の一連のはたらきかけは，けっしてばらばらなものではなく，その背後にある保育目標や保育の計画にそったものでなくてはならない。
　本章では，そのような観点から，障害をもつ子どもの保育を進めるにあたって，子どもや子どもを取り巻く環境の評価に基づいて，保育目標を設定し，保育の計画を立案するための具体的方法とその背景となる基本的考え方について学ぶことを目的とする。

第2部 障害児保育の方法と計画　第9章 園での保育の計画

1節 保育の計画とは

　本節では，保育の計画の背景と保育の計画を立てる際の基本的流れを理解することを目的とする。また，子どもの属性，とりわけ障害名，診断名からどのような情報が読みとれるのかについても考えてみる。

1 ── 保育の計画の背景

　保育所，幼稚園，母子通園施設など子どもたちが集団で生活する場(以後，「園」と表記する)に障害をもった子どもを受け入れる場合，事前に，子どもの特徴を把握するとともに保護者の要望を十分聞いたうえで，子どもを受け入れる体制を整えておくことが基本となる。しかし，現実には，職員の異動やクラスの子どもの人数が確定できないなどの事情により，新学期直前まで保育体制を十分整備できないこともある。また，入園前に1対1場面や比較的少人数の集団内でとらえられた子どもの姿と，入園後の大きな集団のなかでみられる子どもの姿が大きく異なる場合もある。したがって，保育者は，日常の保育を進めるなかで子どもを理解し，保育の計画を立案，修正していかなければならない。

　一般に，障害をもった子どもの場合，場面が変わってもその場面に応じて自分の行動をうまく変えられないといったことがある。その反面，ちょっとした状況の変化で姿が変わってしまうこともある。その点で，保育者は絶えず子どもとかかわりながら子どもを知り，子どもにとって適切なはたらきかけを考えていかなくてはならない。しかし，重要なことは保育者の柔軟な対応であって，その場限りの対応ではない。すなわち，保育者の個々のはたらきかけは，事前に立てられた保育の計画と関連づけられていることがたいせつとなる。

2 ── 保育の計画の立案の流れ

　保育の計画を立案するにあたっては，まず障害をもつ子ども，子どもを取り巻く環境の特徴などについて知る必要がある。そのうえで，保育目標を設定し，それにそった計画を立てることになる。表9-1には，障害児の保育を進めるための「保育計画表」の例が示されている。以下，この表にそって，保育の計画を立案する際の手順と基本的考え方について述べる。

表9-1に示される「保育計画表」は2枚から構成されている。1枚めは,「対象児の属性」「対象児と対象児を取り巻く環境の特徴」から成る。これらは,主として「子どもを理解」するための領域である。2枚めは「保育目標」「指導計画」から成る。これらは,具体的な子どもとのかかわりや子どもを取り巻く環境の調整をするための「保育者の行動計画」にあたるものである。ここでのポイントは,1枚めの「子どもの理解」に基づいて,保育目標を設定し,指導計画を立案するということである。また,逆に,「保育者の行動計画」が立てられるように,関連する情報を積極的に収集し,「対象児の属性」「対象児を取り巻く環境の特徴」の各項目に記録しておくということである。

3 ── 子どもを理解する手がかり

「対象児の属性」に示される情報のうち,子どもを理解する手がかりとして,まず最初に利用できるものとして「障害名」があるだろう。しかし,よく指摘されるように,同じ障害名をもつ子どもでも,子どもによって保育場面で見せる姿が大きく異なることがある。また,同じ子どもであっても,成長・発達にともなって障害名(診断名)が変化することがある。さらには,同一時期において,1人の子どもが,複数の診断名をもつことさえある。たとえば,発達障害といわれる子どもたちについて考えてみよう。

ここで発達障害というのは,広汎性発達障害(PDD),注意欠陥多動性障害(ADHD),学習障害(LD)などのことである。広汎性発達障害(PDD: Pervasive Developmental Disorders)とは,主として,対人的相互作用の困難さ,楽しみ,興味を共有することのむずかしさなどによって特徴づけられる障害である。このなかには自閉性障害やアスペルガー障害などが含まれる。一方,注意欠陥多動性障害(ADHD: Attention-Deficit/Hyperactivity Disorder)は,主として「行動統制の問題」としてとらえられることが多い。タイプとしては「不注意優勢型」「多動-衝動性優勢型」,両方の特徴をもつ「混合型」の3種類に分類される。また,学習障害(LD: Learning Disorders)は,いわゆる「学習の問題」であり,その特徴により「読字障害」「算数障害」「書字表出障害」に分けられる。幼児期では,あまりこの診断名がつけられることは多くない。しかし,5歳児クラスで文字を学び始めると,算数は得意なのに文字を

第2部 障害児保育の方法と計画　第9章 園での保育の計画

表9-1　保育計画表（H-3様式）

記入日　××年　×月××日

対象児の属性
氏　　名：　　　　　　　　　　　　　性別（男・女） 年　　齢：　　歳　　　か月　　　　生年月日　　年　　月　　日生 家族構成： 診断名等① 診断年月①　　　年　　月　　　歳　　診断機関名① 診断名等② 診断年月②　　　年　　月　　　歳　　診断機関名②
対象児と対象児を取り巻く環境の特徴
Ⅰ．子どもの状態について 　1．現在の子どもの特徴 　　① 発達・行動の特徴　　② 生活習慣　　③ 医学的配慮（投薬など） 　2．これまでの成長・発達の経過 　　① 入園以前の成長・発達の経過 　　② 入園後の成長・発達の経過（ a.変化してきている点　b.変化していない点） Ⅱ．子どもを取り巻く家庭環境 　1．生活環境（地域、住居等） 　2．人的環境（家族との関わり、家庭での取り組みなど） 　3．専門機関の利用状況 Ⅲ．保育集団の特徴 　1．クラス集団の特徴 　2．特定の他児とのかかわり 　3．クラスの保育体制 Ⅳ．保護者の要望

保育目標
Ⅴ．子どもの行動の背景と要因 　1．行動の背景（注目要求、物や事態の要求、自己防衛など） 　2．行動の要因（本人の持つ特性、家族構成、仲間関係など） Ⅵ．保育目標 　1．中・長期的目標 　2．短期的目標
指導計画
Ⅶ．対象児をめぐる支援 　1．対象児に対する対応 　　① 発達に対する配慮（発達特性に応じた成長・発達を促すための計画） 　　② 行動に対する配慮（問題行動の軽減を図るための計画） 　　③ 適応に対する配慮（周囲との関わりの中での成長を促すための計画） 　2．対象児のいるクラス集団への対応 　　① クラス集団に対する対応 　　② 特定の子どもに対する対応 　3．園内環境の整備 　　① 保育室の整備 　　② 共有スペースの整備 　4．保育体制の確立（クラスの人数、担任数、縦割り保育、保育カンファレンスなど） 　5．保護者との連携 　　① 児の保護者への対応 　　② 他児の保護者への対応 　6．専門機関との連携
保育の計画の評価
1．子どもの捉え直し　2．環境の再評価　3．保育目標の見直し 4．保育内容の検討　　5．その他（　　　　　）

覚えられない，文字は読めるが教えてもなかなか書くことができないといったように，特定の領域の学習に困難さを抱える子どもに気づくことがある。さらに，学習障害と注意欠陥多動性障害は併存性があることが知られており，両方の特徴をあわせもつ子どももいる。

　このような発達障害の子どもは，運動発達や知的発達の遅れが顕著でないため，健診で見逃されてしまっていることも多い（小枝ら，2002）。また，本来，おのおのの障害の原因は異なると考えられるが，保育集団のなかでは，「落ち着きのなさ」や「子どもどうしのトラブル」など，いくつかの障害で共通する形で問題が現われてくることもあり，診断の初期には，同じ子どもに対して診断機関によって異なる診断名がつけられることもある。したがって，障害名にとらわれず保育の場において子どもをよくみることが基本となるが，「障害名（診断名）が変化した」「複数の障害名をもつ」ということのなかに子どもの姿の複雑さが現われており，子どもを理解する手がかりが隠されている場合もある。

2節　保育ニーズをとらえる

　本節では，「対象児と対象児を取り巻く環境の特徴」のどの部分に着目して子どもの保育ニーズをとらえたらよいのかという点について学ぶことを目的とする。

1——子どもの状態について

(1) 現在の子どもの特徴

　子どもの保育ニーズをとらえるためには，第一に，日常の保育場面から子どもの発達の状態を理解することが基本となる。その際，「遠城寺式乳幼児分析的発達検査法」（遠城寺ら，1977）などの領域を参考に，「移動運動」「手の運動」「基本的習慣」「対人関係」「発語」「言語理解」に分けて，子どもの発達の状態を記録しておくと保育計画を立てる際に便利である。また，専門機関で知能検査，発達検査を受けている子どもについては，その結果を保護者や専門機関から聞き，子どもの理解に役立てることができる。しかし，子どもによって

は，テストの種類によって検査の結果が大きく異なることもある。したがって，知能指数（IQ），発達指数（DQ）だけでなく，用いられたテストの種類，「できた項目」と「できなかった項目」の内容などについて記録しておくことが望ましい。

さらに，狭い意味での発達の諸側面だけではなく，①生活習慣，②行動の特徴（落ち着きのなさ，事物への興味の範囲，感情のコントロールなど），③医学的配慮の事項について記録しておくとよい。

(2) これまでの成長・発達の経過

子どもがどのような経過を経て育ってきたかを知ることは，現在の子どもの姿を理解するだけではなく，今後の子どもの成長の方向を予測し，保育の計画を立てるうえで重要だと考えられる。また，保護者の思いを理解するためにも，保護者との信頼関係を築き，子どもの成長の歴史について聞いておくとよい。記録は，大きく「入園以前の成長・発達の経過」と「入園後の成長・発達の経過」に分けて書く。また，「入園後の成長・発達の経過」については，①変化してきている点と，②あまり変化していない点に分けて書くとよいだろう。

2 ── 物的・人的環境

(1) 子どもを取り巻く家庭環境

保育の計画を立て，子どもの成長・発達をうながしていくためには，園での子どものようすだけではなく，家庭での子どもの姿をとらえておくことが重要となる。そのような視点から，①「生活環境」には子どもの生活する地域，住居形態，住居の周囲の環境などを，②「人的環境」には子どもと家族とのかかわりのようす，家庭での教材の利用状況や特別な訓練の実施状況などを記録する。③「専門機関の利用状況」には，子どもが利用している専門機関の名前，利用頻度，相談内容などについて記録する。最近では，同時に複数の専門機関とかかわっている子どもも珍しくない。各専門機関との連携を進めるためにも，この項の情報は必要となってくる。

(2) 保育集団の特徴

ここでは，①「クラス集団の特徴」，②「特定の他児とのかかわり」，③「クラスの保育体制」について記録する。一般に，同じような特徴をもつ子どもで

あっても，所属するクラスの雰囲気や特徴によって示す行動が違ってくる。たとえば，クラス集団全体が落ち着かない場合，障害をもった子どももそれにつられて，立ち歩いたり，保育室を飛び出すことが多くなってくる。また，クラスのなかにどのような子どもがいるかによって，障害をもつ子どもの集団適応が大きく違ってくる。その点を考慮して，クラス全体の雰囲気と同時に，「なかのよい友だち」「トラブルを起こしやすい他児」など対象児と特定の関係にある子どもについて記録しておく。また，クラスの保育者数，子ども在籍数，特別な配慮を必要とする子どもの数など「クラスの保育体制」に関する情報は，保育計画を立てる際に欠かせない。

(3) 保護者の要望

子育て支援事業などでは，保護者は「支援の対象」とされるが，同時に，保護者は保育者とともに子どもの成長・発達をうながす「支援者」である。その点で，入園前に障害をもつ子どもの保護者の要望を十分聞き取っておくこと，保育の計画の立案に保護者の積極的参加を求めることが必要となる。また，園の取り組みを保護者全体に理解してもらうという点から，健常児の保護者の要望にも耳を傾けることが重要となる。

3節 保育目標を設定する

本節では，子どもの行動自体ではなく，行動の要因を理解するということ，また，行動の要因や行動の背景の理解に基づいて保育目標を設定する方法について学ぶことを目的とする。

1——子どもの行動の要因と背景

(1) 行動の要因

子どもが集団から逸脱するような行動を起こした場合，保育者は，「子どもを集団に戻す」「子どもに集団の規範を伝える」などの意図から，子どもを「注意」することが多いだろう。しかし，時として保育者の「注意」はあまり効果的でないだけでなく，逸脱行動をいっそう促進してしまうことさえある。たとえば，「お集まり」の場面などで，突然奇声を発する子どものなかには，保育

者に注目してほしいといった「注目欲求」をもっている子どもがいる。そのような場合，子どもが奇声を発するたびに保育者が「注意」することは，子どもの「注目欲求」に合致し，よりいっそう奇声を発するという行動を強化してしまうことにもなりかねない。その点で，保育者は，子どもが示す表面的な行動だけではなく，その「行動の要因」に関心を向ける必要がある。

(2) 行動の背景

　以前は参加していたのに，5歳児クラスになってから，突然ルールあそびに参加しなくなってしまった子どもについて考えてみよう。このような場合，「ゲームでいつも自分が一番になれないのがわかって，自分が傷つくのを避けるためにルールあそびに参加しない」（行動の要因）といったいわゆる「自己防衛」的側面が関係している場合がある。それでは，なぜ，このような「自己防衛」的側面が強くなってしまったのであろうか。1つには，知的側面の発達が関係しているのかもしれない。もう1つは，逸脱行動に際して，保育者から注意されるなどの「否定的」なはたらきかけを多く受けているため，自分で傷つきたくないといった思いがいっそう強くなったということも考えられる。保育目標を設定するにあたっては，このように行動そのものだけでなく，「行動の要因」とその原因をつくり出した「行動の背景」に着目することがたいせつとなる。

2 ── 保育目標

(1) 中・長期的目標

　保育者は，日々の保育のなかで，発達をうながすはたらきかけやクラス集団のなかで子どもが快適に暮らせるような配慮を行なっている。そのような保育者のはたらきかけや家庭での取り組みのなかで，障害をもつ子どもは発達していく。しかし，障害の種類や程度によって，比較的短期間で変化する特徴と数年間あるいはより長期のスパンのなかでの変化を考えたほうがよい特徴がある。そこで，「中・長期的目標」を設定することが必要となってくる。また，時として，学童期以降の不適応につながるような問題を見通しながら，現在の保育の進め方を検討することが求められる場合もある。たとえば，小・中学校におけるADHD児の在籍数を調べたある調査では，小学校中学年以降，その数が減少するという結果が報告されている（仙台市教育センター，2002）。その原

因として，子どもの状態が落ち着き，行動がしだいに改善してきたということがあげられるだろう。一方，このなかにはADHD児がクラスの友だちとの間でトラブルを起こすなど，学校への不適応から，不登校になっているケースも含まれていると推測される。すなわち，統計上は「不登校」という形で分類されているため，表面的には数が減少しているようにみえる部分もあると考えられる。したがって，多少のトラブルがありながらも，障害をもった子どもがクラス集団からドロップ・アウトしないように，障害をもった子どもと友だちとの関係を幼児期からつくっていくことが必要となってくる。

(2) 短期的目標

「短期的目標」は，大きく，子どもの発達をうながす目標と，子どものクラス集団への適応をうながす目標に分けて設定することができる。当然のことながら，これらの目標は「中・長期的目標」と関連づけられている必要がある。また，その設定にあたっては，目標が達成できたか否かによって保育計画や短期的目標そのものを見直せるように，より具体的に記述することが重要となる。たとえば，「〜する」「〜を増加させる」といった行動の促進に関する目標，「〜しない」「〜を減少させる」といった行動の抑制に関する目標といったように，具体的な行動目標の形で書くようにするとよい。

4節 指導計画を立案する

本節では，対象児に対する対応だけではなく，クラス集団に対する対応，園内環境の整備，保育体制の確立，保護者との連携，専門機関との連携に関する指導計画の立案方法について学ぶことを目的とする。

1 ── 子どもに対する対応

「対象児に対する対応」に関しては，①これまでの成長・発達の経過と，現在の子どもの特徴に基づいて，子どもの発達をうながすためにどのような配慮をするかという計画を記述する。また，②行動の特徴に基づき，問題行動の軽減を図るための計画について記述する。③適応については，たとえば，簡単なルールあそびを行なうことにより他児とかかわる機会を多くし，対象児がクラ

ス集団に徐々に適応していくような計画を立てることができる。

「対象児のいるクラス集団への対応」は，さきの「保育集団の特徴」で記述された内容に基づき記述する。「クラス集団に対する対応」は，障害をもつ子どもの発達と適応に大きくかかわるだけでなく，健常児の成長にもつながるという観点から計画を立てることが望ましい。また，「特定の子どもに対する対応」については，たとえば，対象児とトラブルが多い他児に対して対象児とトラブルを起こさないように配慮するとともに，トラブル後には安定して過ごせるようなはたらきかけを行なうといった計画などについて記述する。

2 ── 園内環境の整備

園内環境の整備は，その目的に応じて大きく3つにまとめることができる（本郷，2004）。すなわち，①「制限」：子どもの安全を確保するなどのため，子どもの行動の一部を制限するように環境を調整すること，②「促進」：子どもの注意・関心をあるものに向け，活動に積極的に取り組めるように環境を調整すること，③「安定」：子どもが日常的にあるいは不安定な状態に陥りそうなとき，安定して過ごせるように環境を調整すること，である。また，整備の対象は，ロッカーの位置や壁の掲示物のように比較的恒常的なものだけでなく，給食時の机の配置，子どもたちの座る位置の変更なども含まれる。

3 ── 連携体制

職員間の連携を中心とした「保育体制の確立」，障害をもつ子どもの保護者だけでなく健常児の保護者との連携も含む「保護者との連携」，行政機関や病院，小学校などとの連携を含む「専門機関との連携」の3つから成る。ここでは，おのおのについてどのような連携を進めていくかという計画を記述することになる。このうち保護者との連携に関して考えてみると，障害をもつ子どもの保護者に対しては，保育所における子どもの状態を伝えるだけでなく，将来的な見通しについて話すことも必要になってくるだろう。また，対象児とトラブルをよく起こす健常児の保護者に対する対応や保護者全体に対する説明も必要になってくるだろう。これらの役割を担任1人がすべて担うわけにはいかない。本来，クラス担任，障害児担当の保育者，園長（所長）などが担う役割は

異なっている。したがって，園内でどのような役割分担をするのかといった点について，保育カンファレンスの場などで検討しておくことが望ましい。

　さきに述べたように，保育者の一連のはたらきかけは，個々ばらばらなものではなく，保育目標と指導計画に基づいたものでなくてはならない。しかし，逆に，保育目標や指導計画にとらわれすぎて，保育者の動きや思考が柔軟性を失い，硬直化してしまっては，子どもの成長・発達にとって望ましくない。その点で，一度立てた保育目標や指導計画が日常の保育活動にうまく合わないような場合は，それを見直す必要が出てくる。このように，実践に基づき保育目標，指導計画を見直していく一連の流れは，「アクション・リサーチ的循環」とよばれる（本郷，2002）。保育者に求められているのは，子どもと子どもを取り巻く環境の理解，それに基づく保育目標と指導計画の内容を日常の保育を通して絶えず見直していく「アクション・リサーチ的循環」であると考えられる。また，一人ひとりのニーズにあった保育支援というのは，1人の子どもを集団から抜き出して個別指導することではなく，クラスのなかでクラスの子どもたちといっしょに育つことを支援していくことであるといえよう。

研究課題

1. 本などで紹介されている事例を取り上げ，そこに描かれている子どもについてより理解するためには，どのような情報が必要か検討してみよう。
2. 知的発達の面では顕著な遅れはないが，落ち着きがなく，自分の感情をうまくコントロールできないといった特徴をもつ5歳児に対して，どのような保育目標と保育計画が立てられるか検討してみよう。

推薦図書

- 『育児・保育現場における発達とその支援』　藤崎眞知代・本郷一夫・金田利子・無藤隆　（編著）　ミネルヴァ書房
- 『障害児保育』　柴崎正行・長崎勤・本郷一夫（編著）　同文書院
- 『保育の現場における「気になる」子どもの理解と対応―特別支援教育への接続』　本郷一夫（編著）　ブレーン出版

Column 9
特別支援教育と障害児保育

「発達障害者支援法の施行」「教育基本法の改正」など，近年，障害をもつ子どもの保育・教育を取り巻く状況は大きく変化しつつある。なかでも，障害の程度等に応じて特別の場で指導を行なう「特殊教育」から，障害のある児童・生徒一人ひとりの教育的ニーズに応じて適切な教育的支援を行なう「特別支援教育」への転換は教育現場に大きな変化をもたらした。この背景としては，①養護学校，特殊学級などで学ぶ児童・生徒の増加，② LD，ADHD，高機能自閉症など障害種の多様化，障害の重度・重複化，③一人ひとりの教育的ニーズを把握して，自立や社会参加を支援する方向への転換などがあるとされている（文部科学省，2003）。

このような「特別支援教育」を進めていくうえで重要なことがらのひとつとして「個別の教育支援計画」の作成があげられる。これは，一人ひとりの障害のある児童・生徒の教育ニーズを把握し，一貫した支援計画を策定するということである。ここで「一貫した」というのは，たんに学齢期にとどまらず，乳幼児期から学校卒業後までの支援計画であること，また，障害のある子どもだけでなく，保護者等に対する継続的な支援を行なう体制の整備を意味する。その点で，「特別支援教育」を推進するためには，小・中学校における取り組みだけでなく，保育所・幼稚園などにおける就学前からの適切な対応，高等学校での取り組みなど，いわゆる「タテの連携」が重要となってくる（本郷，2004）。さらに，「個別の教育支援計画」の作成，実施の段階においては，保護者も含めて複数の関係者や関係機関が関与することが求められている。これはいわゆる「ヨコの連携」にあたる側面である。

以上の点から，障害児保育を進めるにあたっても，「個別の保育支援計画」の作成が求められるようになってきている。そのためには，子どもの特別な発達的ニーズをとらえると同時に，保護者の意向を把握することが必要となる。また，障害児保育を効果的に進め，障害をもつ子どもも障害をもたない子どももともに育つために，保育所・幼稚園においては，① LD，ADHD 等についての受け入れ体制の整備，②園全体で支援しあえるような保育体制の整備，③特別な保育ニーズがある子どもについて保護者全体の理解を進めていくための研修の充実，④スムーズな移行を達成するための小学校との連携などが求められている。

第3部

家庭・地域との連携

第10章
障害児保育に関する関連機関との連携・協働

　障害児保育は，保育所や幼稚園および通園施設などで実施されており，潜在能力を発揮し自己実現をしていくための土台をつくる乳幼児期に行なわれる。乳幼児期は，家庭での養育と，医療・保健・福祉・教育・心理などの支援者による療育・保育とが大きな比重を占める時期である。また，日中の生活の場が，家庭から療育の場へ，そして保育の場へ，それから学校へと大きく変化していく時期でもある。したがって，この時期には，障害児本人と子どもたちを育てている家族を支援するために必要な社会資源が地域社会のなかにアクセスしやすく利用しやすい形で準備されている必要がある。そして，障害乳幼児の生活を充実させていくためには，保育者と保護者はもちろんのこと，医療機関，保健所，専門の相談機関，地域の住民，民生委員，学校などさまざまな関連機関や地域の人々との連携・協働が進められねばならない。
　そこで，本章では，障害児保育において，障害児と家族を取り巻く関連機関との連携・協働という関係や活動のあり方についてみていく。

第3部 家庭・地域との連携　第10章 障害児保育に関する関連機関との連携・協働

1節 療育システムと障害児保育

1 —— 障害児保育の属する療育システム

　人間が成長し社会で暮らしていくためには，だれもが社会資源を必要としている。社会資源とは人間が社会のなかで生きていくうえで活用できるものすべてをさしていると考える。これらの社会資源の全体をひとつのシステムととらえることができる。このシステムのなかに，医療，保健，福祉，教育，労働，環境，法律などの領域があり，さらにそれらは細かく分かれて下位システムを構成している。これらのそれぞれの領域が提供するサービスは，一般の人を対象として用意され，だれもが利用できる。そして，この他に障害をもつ人たちが障害特性に応じて利用できる社会資源も準備されシステムを構成している。障害児保育もこのシステムのなかに属するひとつの社会資源である。

　障害児保育が属する領域は，保育所や通園施設であれば福祉の領域に，幼稚園であれば教育の領域に属しており，就学前の療育システムを形成する。障害児保育が属する療育システムにおいては，ノーマライゼーションやインクルージョンなどの新しい福祉や教育の理念に基づき障害をもつ人ともたない人が地域社会のなかでともに暮らすことをめざし，それぞれのプログラムが展開されている。

　福祉や教育などの領域においては，医療と福祉の連携，医療と福祉と教育の連携というように領域やサービス間の関係は，互いに連携・協働し合えるものでなければ利用しやすいものとはならない。これらは，かつては縦割り行政の弊害としてうまくいかなかったことも多かった。しかし，地域での生活支援のために障害者ケアマネジメントやコミュニティケアの必要性が叫ばれるようになり，それぞれの領域は利用者に対しても，他の領域に対しても，より開かれたものにならざるを得なくなってきている。また，障害児や保護者がもっている複数のニーズに対応していくためにもサービス間の連携・協働が不可欠となっている。このため，療育システムにはハード面の施設整備だけでなく，連携・協働のためのソフトの機能や方法が組み込まれていくことが必要となる。

2——障害児保育における関連機関との連携

　核家族化や地域の教育力の低下などによる母親の孤立や子育て不安などが社会問題視されるなかで，障害児を抱える家族には子育てそのものに加えて，障害のある子どもであることによる「特別の負担」が課される。この「特別の負担」は，私的な親子関係のなかだけで対応していくことは困難である。もちろんこの負担は障害児保育を担う保育者だけで請け負えるものでもない。

　この障害児をもつ家族や保育者の負担を軽減し，子どもの生活の質を向上させていける環境をつくっていくために，関連機関が幾重にもサポートネットワークをつくっていくことが必要となる。システムを構成する関連機関との連携は，関係者とのネットワークの形成によって具体化される。

　障害のある乳幼児がもっとも緊密なかかわりをもつ機関は，医療機関，保健所，保育所，幼稚園，通園施設などである。この時期に行なわれることは，保護者側からは子どもの発達の問題への気づき・理解であり，これを支援する療育者側からは，障害の発見と診断となり，個別的な療育計画を立て，その計画に沿った療育支援を行なうことになる。

　保健所や保健センターは，乳児期や1歳6か月，3歳児などの乳幼児健康診査や保健師による家庭訪問などによって障害児の発見の役割を担い，そこで発見された障害のある乳幼児を専門の相談機関へとつなげる役割を果たしている。専門の相談機関は，医療機関や保健所からの紹介を受け，保護者の不安としっかり向き合いながら，発達上のニーズについて医師，カウンセラー，言語聴覚士，理学療法士などの評価・診断を行ない，障害の状態像の把握を行ない適切な療育につなげていく。その後，母子通園施設（デイサービス），幼児通園施設や保育所において，医療機関，保健所，児童相談所，専門の相談機関，福祉事務所などと連携しながら，子どもの発達ニーズに応じた療育とあそびや集団活動を通して小学校入学に向けての支援が継続される。

2節 関連機関との連携・協働のために

1 ── 支援プランの共有化

(1) 支援プランの作成のために

　子どもの育ちを支援する社会資源となる家族の間でも，保育機関と専門の相談機関の間でも，あるいは同一施設内における異なる職種の間でも見解の相違があることがある。また多くの専門家や関連機関がかかわっているにもかかわらず，十分に連携されていないために，子どものライフサイクルを見通した一貫した支援がなされないこともある。こうした課題をクリアする方法に支援プランによる目標や情報の共有があげられる。福祉領域でも教育領域でも複数の人々が連携していくための支援プランの必要性が強調されてきている。この支援プランをつくり実施していくために，関係者が連携していく支援方法としてコンサルテーションやケアマネジメントなどがある。

(2) 支援プラン作成のために必要な情報

　支援プランを共有するためには，その前提として，子どもの状態像や子どもを取り巻く社会資源などの環境も含めた情報の共有が必要となる。

　支援プランを作成し，連携・協働していくために共有すべき情報としては，以下の5点があげられる。

①多面的に把握（評価・診断）した状態像・発達像

　　多面的とは運動認知面，対人関係，情緒発達の側面，コミュニケーション機能の発達面などの把握と，介入可能な生活環境の把握が，まずは必要とされる。

②保護者の心情やニーズ

③発達評価・診断に基づく短期的，長期的なおおよその見通し

④当面の支援目標や課題

⑤障害児と保護者を支援できる社会資源と関連機関とのネットワーク

　とくに，子どもの障害のとらえ方や保護者のニーズの共有が専門家・専門機関との連携の鍵となる。

(3) 縦と横の連携・協働のために

　支援プランを作成し実施していくためには，保護者との連携がまず基本となる。そのうえで，多職種，多機関，地域との連携による情報の共有と，支援プランを策定し役割を分担し協働するための調整が必要となる。

　連携の形態としては，家族，保育所，福祉施設，医療機関，学校などの同時期における横の連携と，乳児期から青年期にいたるまでの学年や機関を移行して支援する際に必要な縦の連携がある。

　横の連携の具体化は，地域の関係者や関連機関とのネットワークづくりそのものといってよい。ネットワークのなかでは，親どうしや保育者どうしの連携があり，立場や機関の異なる職種に発達支援のためのコンサルテーションを求めるなどの連携もある。また目的や目標を共有できる施設，機関の連携では連絡協議会の設置などがあげられる。

　縦の連携の具体化は，移行支援といってもよい。前年度までの支援を着実に総括しながら，次年度に向けて次施設の支援を展開させていくことになる。移行支援は新たな関係をつくるネットワークづくりでもある。

2 ── 連携・協働を可能とする療育システムと保育者の役割

(1) 連携・協働のためのネットワーク

　民間企業の保育所運営への参入や，措置制度に代わる契約に基づく利用制度の拡充により公的責任が縮小されてきているが，一方では，国や自治体の責任を明確にした自閉症などを対象とする「発達障害者支援法」の施行により，発達障害児者の生涯にわたり一貫して支援できるシステムの構築が国および自治体の役割として位置づけられた。このような障害児保育を取り巻く状況の変化のなかで，全国各地でこれまでのシステムが見直され，関連機関が連携できる新たな療育システムをつくっていくことが求められている。

　療育システムは，異なる関連機関や関係者，保護者がともに縦と横の連携・協働を連動させていくためのしかけといってよい。障害児を支える療育システムの不可欠な構成要素は，サービスを提供する機関とこれをつなげる人と人とのネットワークである。

　ネットワークは，関連する機関や組織，個人の連結の状態であり，ニーズを

もつ人やサービスや知識や技術をもっている人および組織との相互のつながりである。縦の移行支援においても，横の連携でも人と人とがつながるネットワークは不可欠なものである。縦の支援における連携は新たなネットワークを広げていく活動でもある。ネットワークの強さや緊密さや持続性は，それを構成する人々の意志に左右される。ネットワークの目標が共有され，互いの活動が双方向で確認し合えるしかけをもち，役割期待に基づく役割分担が十分になされていると，そのネットワークは有効に効率よく機能する。

　ネットワークは，最初はその起点が発した動機・目的によってその起点と結びつく意志を他の構成員が有し，その意志を示すことによって形成される。構成員は決められた制限や基準から拘束されることなく自由な意志で参加できる。ゆえに課題や目標が共有されないと責任が分散したり，もたれ合いとなることもあり得る。ネットワークは，構成員が目標や課題に見合った役割期待にそれぞれがこたえ得るときに広がりと強さを増すことができる。

　現在，先進的な市町村においては，障害乳幼児の早期発見から療育・保育という一貫した療育システムができてきている。そして，システムを構成する関係者にネットワークの果たす役割の重要性が認識され，これを機能させるしかけが確保され，専門機関と保育者が連携し，受け入れる保育所や幼稚園での条件整備や保育課題・家族支援などの課題が明らかにされ，障害児保育がスムーズに行なわれるようになっている。

(2) 保育者の役割

　障害児保育を担当する保育者は，障害児を抱える家族が乳幼児期に出会う重要なキーパーソンである。保育者と家族の連携においては，保育者が一方的にはたらきかけるような関係ではなく，同じ目線で向き合い，お互いがはたらきかけ合う，「ともに学び合う」関係であることが望まれる。保育者も家族とともに，障害をもった子どもの理解を深め，お互いが悩みや課題を打ち明けられる関係をつくることがたいせつである。

　この時期に保育者を中心とした多くの社会的支援を受けた家族は，生活に前向きになるとともに，その後の生活でも学童保育の取り組みや作業所づくりなどの活動に積極的にかかわっていくことが知られている。一方で，社会的な支援を受けられず，周囲の人々と社会的な関係をうまく結べない家族の場合，以

前よりいっそう孤立を深めることになってしまうことが知られている。もし，地域のなかで適切な支援が受けられ，いろいろな活動に参加できる環境が整っていれば，家族も子どもも安心して暮らしていける。そのような状況にある家族と常に接することができる保育者は，家族のニーズを代弁できる最も身近な存在となる。

　保育者は，日々の直接的な保育に加え，療育システムの一員として意識的に，さまざまな関連機関との連携・協働によって，障害児と家族が安心して生活できるシステムを，ネットワークのなかで効果的に機能させる役割を担っていくことも求められている。

3節　コンサルテーションとケアマネジメント

　障害児保育を担当する保育者が関連機関とうまく連携・協働していくためには，相手となる関連機関が連携するときにどのような方法をとっているのかを理解しておくことが有効である。そこで，本節では連携・協働することの意義を再確認するとともに，研究者や専門の相談機関がよくとるコンサルテーションとケアマネジメントによる支援方法ついて紹介しよう。

1 ── 連携・協働することの意義

　「連携」とは，関係のあり方を表わす言葉であり，「協働」とは活動のあり方を表わす言葉である。両者を意識した連携が重要と考えるので，ここではそれぞれの言葉の意味を確認しておこう。

　連携とは，「①同じ目的で何事かしようとするものが，連絡をとり合ってそれを行なうこと。②物事や人の間のつながり，つながりあうこと，つながりをつけること」（岩波国語辞典第4版）とある。「連携」を意識することは，自分自身の力量とその限界を知り，抱え込まずに関連機関やさまざまな人々とのネットワークをつくり支えていこうとすることである。そして，自分だけではできないからと放ってしまうことや，気づかないふりをするのではなく，支援の責任性，連続性を重視しようとすることである。つまり，障害児やその家族が抱える課題の解決に向けてネットワークのなかで力を合わせ互いに役割を果た

し合い，既存のサービスを最大限に活用することを考えていくことである。
　「協働」は，辞書にはない造語である。協同や共同と同意語で用いられている。共同とは，辞書では，「①二人以上で一緒に行なうこと，また二人以上が同等の資格で結びつくこと。②「協同」に同じ」とある。ここでは，連携の関係や活動のあり方を考えるうえで参考と思われる森（2003）の「協働」の考え方を紹介しておこう。森は，主体的自己革新による「新たな関係」の創出が「協働」であるとしている。つまり，主体の変革がともなわない協働は意味がなく「双方の自己変革」が不可欠であること，何かをしようとすると必ずぶつかる壁が見えてくるが，それを乗り越えようとしたときに双方の自己変革がなされる，そうした主体の協力関係を「協働」としている。
　協働とは，異なる立場や職種，団体がその違いを理解し認め合い，関係をつくり，ともに活動することである。また，目標を共有し，1つの機関や職種ではできそうもないことがらの実現に向けて力を合わせて多分野の機関や職種が連携し，課題を解決していくために働き合う活動である。新たなネットワークやシステムをつくり機能させていくことも，制度間の狭間を埋めていくのも協働によらざるを得ない。

2──連携する方法

　関連機関と連携し，ネットワークを形成していく方法として，ここでは障害児保育と密接にかかわる心理学分野などの研究者や専門の相談機関がとる支援方法である「コンサルテーション」と，障害者福祉領域で実践されている「ケアマネジメント」による連携のしかたを紹介しておきたい。

（1）コンサルテーション

　「コンサルテーション」は，キャプラン（Caplan, 1961）によって確立された支援方法である。キャプランによると，コンサルテーションとは「2人の専門家（一方をコンサルタントとよび，他方をコンサルティとよぶ）の間の相互作用の1つの過程である。そしてコンサルタントがコンサルティに対して効果的に課題解決できるように支援できる関係をいう」としている。
　児童精神科医であったキャプランは，限られた時間での何人かの子どもの診察よりも，保育士や看護師が子どもにどう対応したらよいかなどについて話し

合うことのほうがたいせつであると考えた。そこで，これらの課題を抱えている人の相談相手となり，支援ネットワークをつくり，側面から支援していくことに力を注いだ。

コンサルタントとコンサルティは別の領域の専門職である。両者の関係は課題中心である。コンサルタントは，コンサルティの性格や個人的生活にかかわらず，専門的知識や技術をもって，コンサルティのもつ課題を理解し支援していく。

コンサルティは自分の責任のもとで支援を受け，みずから業務上の課題の解決を図っていく。課題の責任の主体はコンサルティにある。コンサルティはコンサルタントとは依存関係にならないように一定の距離をおく。この距離の意味はコンサルティの責任の主体と専門性の尊重を意味する。

コンサルティの役割と責任は，コンサルタントとの1対1の人間関係のなかで閉鎖的に終わるのではない。コンサルティは，地域社会の社会資源の一員であり，他の人々や関連機関との連携のなかで自分のクライエントに対応している。このことを自覚できることによって，抱え込みや背負い込みの姿勢から開放され，柔軟に他の社会資源を活用できるようになる。

コンサルタントはコンサルティがそれらのことに気づくきっかけをつくる役割をももつ。コンサルティがコンサルタントのサポートだけでは課題を解決できない場合には，他の専門家や資源との連携・協働を具体的に組み立てて，コンサルティのクライエントにさまざまな社会資源の投入をしていく。必要であれば地域のなかで同じ悩みをもつ人の自助グループづくりや支援する組織づくりにも手を貸していく。これらの資源によって支えられ，コンサルティのもつ課題が解決できたとき，コンサルタントの役割は終了する。しかし，必要になったときは，いつでもコンサルタントに連絡できる関係をつくっておくことが必要であり，それがネットワークである。

(2) ケアマネジメント

ケアマネジメントは，高齢者や障害児・者を対象にした対人サービスの提供において実践されている支援方法である。マクスリー（Moxley, 1989）によるケアマネジメントの定義は，「多様なニーズをもった人々が，自分の機能を最大限に発揮して健康に過ごすことを目的として，フォーマルおよびインフォ

ーマルな支援と活動のネットワークを組織し，調整し，維持することを計画する人もしくはチームの活動」としている。ケアマネジメントは利用者のニーズ中心である。ニーズを実現する計画をする人をケアマネージャーとよぶ。マクスリーによると，ケアマネジメントの焦点は利用者のエンパワーメントであり，多くのサービス提供者の参画による「支援ネットワークの形成」である。

　以下に示すのはケアマネージャーの行なう5つの実践機能である。
　①利用者のニーズ，対人サービス提供者の力量のアセスメント
　②多領域協働チームと利用者の主体的参画に基づく総合的な支援プランの作成
　③利用者とサービス提供者，支援ネットワークの行動変化を意図した介入
　④ケア計画遂行状況，利用者の状態，サービス提供の具合，社会的ネットワークへのメンバーへの参画についてモニタリング
　⑤実行されたサービスの効果を評価

　このケアマネージャーと5つの実践機能によって支援ネットワークが形成され，調整され，維持される。

　以上のようにケアマネージャーの役割は，直接的には利用者のためにサービス提供者と利用者を結びつける。利用者のニーズを擁護し代弁し社会的支援を増やすなどの介入をする。そして，利用者の支援ネットワークを形成し維持することによって，利用者の抱えるニーズや課題を解決すること，サービスを調整し，評価することなどを通じて利用者自身のサービスを活用する力量を高め，対人サービス提供システムの機能を高めていく。

　ケアマネジメントのプロセスで重要なことは，利用者の支援ネットワークのなかで実践される多領域による協働である。多領域協働のチームワークでは，関係者が，ともに利用者のニーズを吟味し，利用者も含めサービス支援計画を策定するために利用者本人の参加のもとに「ケア会議」を開き，互いの情報を共有し議論するという過程をふむ。この利用者を中心とする方法は，専門職種に対し互いに協力し協働し権限を分け合うことを求めるという点で，これまでの専門職の支援方法の変革を迫るものとなる。

研究課題

1．療育システムのなかで連携すべき関連機関とその役割について整理してみよう。
2．関連機関との連携にあたって保育者の役割は何か整理してみよう。
3．コンサルテーションとケアマネジメントの特徴をあげてみよう。

推薦図書

- 『子育てを支える療育―＜医療モデル＞から＜生活モデル＞への転換を』　宮田広善　ぶどう社
- 『保育問題研究シリーズ　障害乳幼児の発達と仲間づくり』　全国保育問題研究協議会（編）　新読書社
- 『危機介入とコンサルテーション』　山本和郎　ミネルヴァ書房
- 『ケア会議の技術』　野中猛・高室成幸・上原久　中央法規出版

第3部 家庭・地域との連携　第10章 障害児保育に関する関連機関との連携・協働

Column 10
ネットワークのなかで

　本章のテーマに「連携」に「協働」を加えたのは，たんなる横のつながりではなく，ともに活動することによって「新たな関係」ができることを期待するからである。障害児保育は1973（昭和48）年の制度化以来，その実践のなかで有効性や可能性とともに限界や困難さについても明らかにしてきた。研究者や専門の相談機関はこれまで障害児保育との連携によって学ぶ場と機会を与えられ，社会的ネットワークの形成などの実践が可能となり，専門性と連携・協働できる力量を高めてきた。今後もネットワークのなかで，互いに自己とシステムを主体的に変革していくために力を合わせていきたい。

　障害児保育のバトンタッチのさきは学校教育である。障害児保育から学校への移行支援は保育の担当者の役割となる。6歳から18歳までの学校教育は，ともすると他の領域の社会資源とかかわりをもつことが少なかったため医療・保健・福祉領域からみるとブラックボックスともいわれてきた。しかし，この学校教育にも変化が起こりつつある。これまでの特殊教育は特別支援教育となった。

　障害児の教育は，必ずしも特殊学級や養護学校のなかだけではなく，どこにあっても児童に必要な支援が与えられるように個別支援計画をつくることになる。この支援計画は，児童の発達についてのアセスメントに基づいてどの部分をいっしょの授業で行ない，どの部分に特別な支援を行なうかを計画するもので，一種のケアマネジメントということができる。さらに，学校以外の専門家による支援も届けられる個別教育支援計画をつくり，支援していくシステムがつくられようとしている。学校へも外部からのコンサルテーションが入れる状態へと変わりつつある。

　コンサルテーションは，障害児保育や特別支援教育を担当する保育士や教師からの要請に応じて，または研究者や専門家がみずからコミットすることによって支援する方法である。コンサルテーションは異なる専門家や地域の人々と，ケアマネジメントは利用者を中心に据え関係者と連携していく，いずれもネットワークの形成を重要視する支援方法といえる。多様なニーズをもつ子どもたちへの支援は，専門家といえども一職種，一機関でやり得るものではなく，関連機関やさまざまな人との連携のなかでこそ適切な支援が可能となるという認識が必要である。

第11章
障害のある子どもの保護者への支援

　今日の子育て事情を反映し、新しい幼稚園指導要領や保育所保育指針に、保護者支援に関する内容が多く盛り込まれることとなった。たとえば、幼稚園指導要領では、教育課程時間外に、幼稚園を保護者支援や地域の子育て支援の役割をもつことを明確にした。また保育所保育指針では、保育所の役割としての保護者支援を、子どもの保育と同等の重み付けにして取り上げている。さらに2006年からスタートした認定こども園は、保護者支援や地域の子育て支援を本質的な役割として担っている。

　こうした保護者支援は、障害のある子どもの保育においても同様に機能するものである。したがって、ここでは、今日、大幅に変化している幼児期の保護者支援の枠組みと照らし合わせながら、障害のある子どもの保護者への支援について考えていきたいと思う。

　とくに、幼児期の（在園児の）保護者支援において重要とされている支援内容は、1）日常的なコミュニケーションをとおした保護者理解、2）専門性の家庭への貢献、3）保護者への個別支援、4）地域のつながり、といった内容である。これらの点を中心に、論をすすめていきたいと思う。

第3部 家庭・地域との連携　第11章 障害のある子どもの保護者への支援

1節　なぜ障害のある子どもをもつ保護者を支援するのか

1——今日の子育て状況

　障害のあるなしに関係なく，子どもの保育を考える際，忘れてはならないのが，その子どもの保護者の存在である。

　なぜならば，保育は子どもの生活の一部を担っていることはたしかではあるが，ほとんどの場合，子どもの生活は保育場面だけではない。その生活の多くの部分であり，そして生活の基盤ともいえる場は「家庭」である。したがって，その家庭のなかの子どもとその保護者を支援することは，子どもの生活全般を支えることになると思われる。しかし今日，少子化や核家族化，地域機能の低下などにともない，子どもの障害のあるなしに関係なく，子育てのしにくい社会になっている。保護者のなかには，地域のなかで孤立し，閉塞感を感じたり，子どもや子育てのしかたがわからず，戸惑いや不安ばかりを感じたり，時にはいらだちを解消できないでいる姿がみられる。

2——障害のある子どもをもつ保護者の子育て

　とくに障害のある子どもをもつ保護者の場合，その子どもの発達特性から，年齢相応でない行動やこれまでの自分の養育経験からは判断しかねる行動に戸惑うことがある。その子どもの行動やようすに対して，保護者のなかには，その意図するところが理解できず，「子どもが何をしたいのかがわからない」「言い聞かせることができない」など，親としての無力感やいらだちを感じることがある。また子どもに障害があることで，地域から疎遠してしまう保護者や，家族の協力が得られず孤軍奮闘している保護者の姿をみることもある。そしてなかには，「他の子（いわゆる健常児とよばれる子どもたち）と同じように」という思いだけで，子どもの発達状況にそわないかかわりをしてしまう保護者を目にすることがある。

　子育てのしにくい現代社会の状況に加え，障害のあるがゆえに，日常生活のなかでうまく展開されない障害のある子どもをもつ保護者の子育てを支援することは，取りも直さず，障害のある子どもの発達を保障することにつながる。

3——障害のある子どもをもつ保護者支援とは

では障害のある子どもをもつ保護者を支援するためには，何が必要なのであろうか。ひとつは，障害のある子どもをもつ保護者の心理状態を理解し，把握することである。そのためには，日常的な保護者とのコミュニケーションが必要とされる。送迎の時間や行事などでのやりとりは，それが仮にわずかな時間であったとしても，いまの保護者の子どもや親としての自分，保育に対する思いをはかり知ることができる。

そして日常生活のなかでの保護者の子育てが安定するように，必要な助言や情報提供などを実施することが求められる。そのためには，関係する主治医や関係機関と連携をとり，また必要に応じて障害専門機関や専門職などからのコンサルテーションを受け，障害の専門性を高める必要がある。また，障害の専門性だけでなく，障害のある「子ども」本人に目を向け，その子どもに関する理解を深める必要がある。そのためには，日常的な保育場面からの情報だけでなく，保護者から家庭での情報を得る必要がある。

2節　日常的なコミュニケーションをとおして保護者を理解する

1——子どもの障害に対する複雑な思い

障害のある子どもをもつ保護者とかかわる際に，理解しておかなければならないことの1つに「障害受容」がある。

障害のある子どもをもつ保護者の障害受容に関して，これまでさまざまな研究がなされ，いくつかの障害受容モデルが提示されてきた。有名なところでは，ドローターら（Drotar et al., 1975）のものがある。このモデルは，障害のある子どもの保護者について述べられるときによく引用される（中田，2002）。ドローターらの示したモデルによれば，障害のある子どもをもつ保護者の心理的な反応は，障害が告知されたときにショックを受け，そして障害があることを認めようとはしない心理状態にしだいに移行していくようである。それから障害があることを現実のものと感じるようになり，そのなかで悲しみや怒り，不

安を感じ，その現状を受けとめ適応を図ろうとする，そして最終的に障害を理性的に理解し，子どもを肯定的に受容するようになる。そのような心理状態が，重なり合いながら段階的に変化していくといわれている。しかし本当に段階どおりに受容していくのであろうか，そして最終的には，完全に障害を受容する段階にいたるというのであろうか。事例1には，障害のある子どもをもつ保護者の複雑な心理状態が示されていると思われる（澤江，2004）。

> **事例1**
>
> ある支援者に対し，重度の知的障害をともなう自閉症のA君の保護者から相談があった。A君は新奇な刺激や状況に対する抵抗が強く，たとえ大雨の日であっても，日課の散歩をしないと，大変なパニックを起こし，気持ちが切り替わるのに多大な時間を要するタイプの子どもであった。A君の保護者は，子どものそうした障害や発達的特性を理解し，生活のなかに，絵カードなどの本人が得意とする視覚的手段を利用したり，本人の不安を最小限に抑えるために，毎日の流れをできるだけ崩さないように配慮をしていた。そしてA君の保護者は，A君に対して，障害のあることを認識し，その障害を受容しつつ子どもとの生活を営んでいると思われた。そのA君の保護者から，当時テレビで放送されていた自閉症の特効薬がどのようなものかを知りたいという相談がもちかけられた。A君の保護者は，自閉症の根治薬があることを望みますかといった支援者の質問に対して，親であればあたりまえだと答え，親であれば，子どもの社会的不利な状況を少しでも取り除こうとするものであると答えた。

この事例1で注目すべき点は，子どもの「障害を受容している」と判断されていた保護者から，「障害を根治したい」という相談があったことである。この保護者が障害を認めていないというわけではない。障害のある子どもをもつ保護者の多くは，いわゆる「障害に対する非受容的」ともいえる感情をもちつつ生活しているといわれている（奇，1996）。また奇の研究によれば，そうした感情こそが「子育てをし続ける」ことを支えていると示唆している。障害のある子どもをもつある保護者が「みんなと同じことができるようにしたいという思いがあるからこそ，こんなことができるかなって，いろいろなことに挑戦しようという気持ちになれる」と話していたことが思い出される（澤江，2004）。この保護者は現実には，本人の負担にならないよう最大限の配慮をしていたことを付け加えておく。

このような複雑な心理的状態を理解しておくことこそが，保育者に求められ

る重要な視点の1つではないだろうか。

2 ── 子育て感情のゆれ

　日常的な子育てのなかで，子どもに障害のあるなしに関係なく保護者の多くは，子育てに対して，時には否定的に，時には肯定的に感じ，その両面の感情を行きつ戻りつ，毎日の生活を送っているのである（ここでは「子育て感情」とよぶ）。

　そのような状態にある保護者とかかわる保育者の多くは，保護者が安定した子育て感情のなかで，子どもを養育してもらいたいと願う。そのため保育者は，保護者と関わるときに，そのような心理的状態をとらえ，その気持ちを受容したり，時には励ましたり，また必要に応じて助言を行なう必要がある。

　そのなかで保育者は保護者と話すときに，保育場面のなかの子どもの気になることなどを，話題の中心にする傾向がある。そこで図11-1を見ていただきたい。

　その図11-1は，障害のある子どもをもつ保護者の「親行動：親としての自分」と「子ども行動」のイメージが肯定的か否定的かで，子育て感情の安定にどのように影響しているのかを図式化したものである（標準偏回帰係数を基に図示した。線が太いほど影響力が強い，点線はほとんど影響がない）。それによれば，障害のある子どもをもつ保護者の「子ども行動」のイメージが肯定的か否定的であるかは，子育て感情に強く影響するわけではない。むしろ「親としての自分」に影響しているのである。すなわち，子どもの否定的な側面が強調されると，保護者のなかには自分の子育てが否定されていると認識しやすくなることを示しているのである。実際，保育の迎えに行くたびに，保育者から「今日の子どものようす」として，他児をたたいた，物を壊したなど，否定的な側面ば

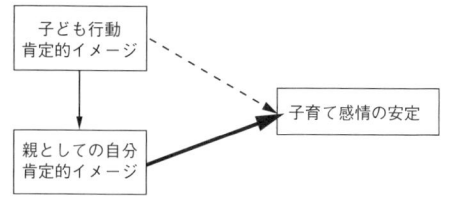

図11-1　障害のある子どもをもつ母親の子育て感情に関連する要因（澤江，2000）

かりを聞かされると，保護者のなかには，保育に対する不信感だけでなく，自分の子育て自体にも自信を失ってしまうことがある。保育者にとっては，保護者と子どもの問題点を共有するための取り組みであっても，送迎時の短い時間でのやりとりは，決まって要点のみとなり，結果的に子どもの否定的側面が強調されてしまう。

明らかに保護者の養育的な問題がある場合を除き，子どもの否定的な側面を指摘する際は，それに対する保育・教育の取り組みをセットにして伝えることが必要である。

3 ── 子どものことから，自分のこと，そして社会のこと

保育所に巡回相談に行くと，保育者から「障害のある子どもをもつ保護者で，入園当初は子どもの障害のことばかり気にして，自分の格好を気にとめず，髪をふり乱し，化粧もそっちのけで通っていた母親が，1年もたつと服選びや化粧のしかたはもちろんのこと，表情がとても明るく変わった」という話を聞くことがある。

図11-2は，ある療育施設を利用していた軽度知的障害の子どもの，ある母親に対する2年6か月分の面接の記録をもとに，その面接のなかで，どのようなエピソードが多かったかをグラフにしたものである（澤江，2003）。

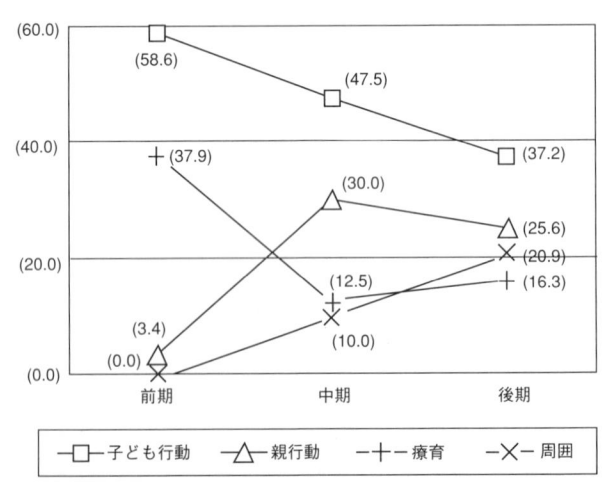

図11-2 障害のある子どもをもつ母親が面接中に述べたエピソード数の割合（％）（澤江，2003）

この図によれば，療育開始時期（前期）は，子ども行動に関するエピソード（子ども行動）と療育に関する質問や要望などのエピソード（療育）が多く，療育終了時期（後期）にかけ，家での子どもへの親としてのかかわりに関するエピソード（親行動）と地域資源や家族のことなどに関するエピソード（周囲）が増加する傾向にあることがわかる。

つまり障害のある子どもをもつ保護者の多くは，当初は，子ども行動の理解や解決に向けた方法などに注力しているが，しだいにそれだけではなく，親としての自分や周囲にも意識が広がっていくのではないかと考えられる。このように考えれば，そうした意識の変化を支えることにより，少なからず「子どもの障害」だけの狭い範囲で子育てを考えるのではなく，親としてのかかわりや，地域社会や家族を含めた周囲など，広い視野のなかで子育てを営むことができるのではないかと考えられる。そのために保育者は，親子間の日常的なかかわりに目を向けることはもちろんのこと，子育てをする仲間や地域・社会に保護者をつなげていく支援が必要なのである。

3節　個別に保護者を支援する際に求められること──保護者の隠れたニーズの発見

新しい保育所保育指針にもあるように，子育ての不安や戸惑い，いらだちなどを訴える保護者に対する支援が，保育者の保護者支援のひとつとして求められるようになった。ただし，保育者がすべてを賄うのではなく，みずからの保育経験や知識のなかで対応できるものもあれば，外部の専門機関や専門職への紹介といった橋渡し的な内容のものもあるだろう。したがって保育者は，その見極めをすることを含めて，保護者のニーズをきちんと把握していくことが求められる。そのなか，保護者の多くは，真のニーズが表面的に現われていないことがある。事例2は，保護者から子どもの保育支援を求める訴えがあったにもかかわらず，最終的には支援には至らなかった例である。

事例2－①
　知的障害をともなう自閉症である小学2年生の男児の母親から，言葉を話せるようにしてほしいという相談を受けた。母親の話によれば，表出言語はほと

第3部 家庭・地域との連携　第11章 障害のある子どもの保護者への支援

> んどなく，最近になり，ようやく車などの乗り物の種類の名前を言うようになった。しかし，日常的な要求場面や意思表示場面での必要な言葉は聞かれないようすであった。たしかに発達検査結果でも，言語を使って答えなければならない課題はほとんどできなかった。しかしそれ以上に気になるのが，母親や私からのはたらきかけにほとんど反応せず，もくもくと車の絵本を見続けていたことである。私は，言語を使って会話することより，まずどうやったらターンテーキングができるかに関心を寄せた。

　この事例のなかでは，保護者は子どもが言葉を話すことを訴えとして述べている。しかし支援者は，その言語を使うための土台となるコミュニケーションに支援の必要性を感じている。このようなケースの場合，保護者が子どもの発達状況を把握できていないことに加え，最近出始めた言葉に刺激され，子どもの言語発達への期待が高まっていると考えられるかもしれない。そのため一般的には，保護者に対して「いまは言葉よりコミュニケーションです」と伝えたくなる。

　しかしその前になぜこの母親が，「子どもに言葉を話してほしい」と思ったかを考えてみる必要がある。

事例2−②

> 　私は，なぜこの保護者が「言葉」にこだわるのかが気になった。母親の話からは，子どもの障害に対する受容的発言が端々に聞かれる。子どもの障害の程度や年齢から考えても，最近になって障害告知を受けたとは考えにくい。私はさりげなく子どもの日常的なコミュニケーションや家族など家のなかのようすについて尋ねた。すると母親の話のなかで，最近2人目の子どもが言葉を使って話すようになった。それ以来，これまで本児をとてもかわいがってくれていた父親が，本児に対してとても冷たくなったということが出てきた。私は時間をおかず，上司と相談のうえ，この家族への支援を保健師に委ねることとした。

　つまりこの保護者の隠れたニーズは「言語」ではなく，「家族関係」に関係するものであった。この保護者は，子どもが言葉をしゃべれば，これまでどおりの家族関係にもどるのではないかと考えたのかもしれない。だから訴えは「言葉」だったのである。しかしそれは手段であって，保護者の相談における真の目的は，家族関係が回復することである。このように表面的な訴えにとらわれ

ることなく，さまざまな状況から保護者のニーズを読み取ろうとする姿勢が，家族を支えようとする保育者に求められるのではないだろうか。

4節 保育の専門性を保護者支援に生かす―保護者の家庭での過ごし方に対する助言を例に

　保育者は，保育の専門性を有していることから，それを生かした保護者支援が求められる。そのなかで保育者は，障害のある子どもとその保護者を対象とする場合，専門機関や専門職との連携のなかで，障害に対する知識を深める必要がある。そうした知識をふまえたうえで，障害のある子どもをもつ保護者に支援することが求められる。しかしそれだけでは十分ではない。また保護者のニーズを把握するときはもちろんであるが，支援方法を考えようとする際には，保護者と子どもの日常生活を把握しておくことが望まれる。それはたとえば，家族構成や家族との協力関係，経済状況，地域住民との関係，学校や幼稚園，医療機関などの他機関との関係，家のなかでの生活の状況や子育てに対する考え方などである。ここでは，逆説的に，ある支援者が行なった失敗事例を紹介する。

事例3

　自閉症のある子どもが，家のなかで役割をもち，家族のコミュニケーションを通して，能動的に過ごせる機会をつくるため，ある支援者が「朝の新聞取り課題」を考えた。その課題は，朝，子どもは身じたくがすんだら，新聞を取りに行き，家族に渡すという課題である。非常にシンプルな課題ではあるが，毎日必ず家族とコミュニケーションを取ることができ，そして役割をもてることで，生活のなかで本人の自信につながるものでもある。その支援者はこれまで，相談にくる家族の何組かにその課題を提案したが，そのなかで次のような失敗例があった。
　コミュニケーションの問題があり，家でできることに限定的であった自閉症の子どもをもつ保護者から相談があった。知的水準，認知特性，行動特徴など子どもの特徴からこの課題が有効と判断し提案した。しかし実際はうまくいかなかった。その理由は本人の問題ではなく，父親の出勤時間が早すぎて，子どもが起きるころには玄関に新聞がなかったことにあった。仕事の関係上，父親から新聞を読むのをやめることは提案できず，課題は中止となった。またこんな失敗もあった。ある自閉症の子どもとその家族に，同様の課題を提案したが，新聞を取りに行くと，子どもが家にもどらなくなるという。その理由は新聞受

> けが，玄関を出て十数メートルさきにあり，その途中に，砂場やブランコがあり，またお気に入りのペットの犬がいて，そこで遊んでしまい，なかなか目的が達成できないという。

　この事例からわかるように，子ども本人にとって意味ある課題であっても，子どもが生活している状況が把握されていなければ，その課題の遂行は困難になる。この事例においても，もともとの課題目的は，家族とのコミュニケーションを通して能動的に過ごすことであって，新聞を取りに行くことではない。したがってその本来の目的を達成するためには，新聞である必要はないし，取りに行くという行動でなくてもよいのである。目的を達成するための方法は，子どもや家族の置かれている状況をきちんと把握し，柔軟的にホームメイドするべきなのである。
　言い換えれば，保護者に対する具体的助言や課題内容のアイデアは，その保護者と子どもの日常生活のなかから探すとよい。

5節　みんなで支援する

1──保育者集団として支援する

　これまでに障害のある子どもをもつ保護者に対する支援において，保育者が果たさなければならない視点や姿勢が示された。しかしそれらは，何もひとりですべてをまかなわなければならないということを意味するものではない。
　実際，今日の保護者支援は，チームとして機能することが求められている。とくに新しい保育所保育指針には，障害のある子どもへの保育において「職員相互の連携」の必要性を示している。たとえばこんな事例がある。

> 事例4─①
> 　年中のクラスにいる知的障害のあるBくんが，クラスの友だちCくんに大きなけがをさせてしまった。実はBくんは，このところ，Cくんとかかわりたく近づくことが多かった。うまく言葉を理解できず，表現することできないBくんは，ついつい手が出てしまうことが多かった。また力の加減がむずかし

> いため，本人の思っている以上に強くCくんをたたいてしまったようである。互いに小突き合う程度のやりとりは，これまでもあり，Cくんの保護者からは，保育者に対して，注意してみていてほしいと言われていた矢先であった。それだけに，Cくんの保護者の怒りも半端ではなかった。Bくんの保護者は再三謝罪をし，そのなかで精神的にも不安定になっていた。しかしCくんの保護者は，クラスを代えてほしいなどの注文をつけていた。

　こうした状況で，まずしなければならないことは，担任または担当保育者が一人で対応しないことである。保育の場で起こっている問題である以上，保育者集団全体の問題として対応するべきである。問題の背景や状況などをとおして，今後，子どもの保育をどのようにすすめていくのかを，保育カンファレンスや所内研修などをとおして，保育者集団みんなで検討し，役割等を話し合っていけるとよい。

> **事例4-②**
> 　この保育施設では，保育カンファレンスをとおして，今回のBくんのCくんへのかかわり方について全職員で共有し，次のような事項を保育者集団で確認したそうである。BくんがCくんの近くにいるときは，Bくんの担当保育者だけでなく，近くにいる保育者も注意してみておく。Bくんが手をあげそうになったら，近くにいる保育者が制止しBくんに適切なかかわり方を伝える。また，BくんやCくんの保護者に対しては，園長から再発防止の方策とともに育ち合う保育環境について説明することとした。また保護者に対する相談窓口を主任とし，保育時間の間でも対応できるように計画したそうである。

2 ── 地域とのつながりを想定した支援

　多くの場合，障害のある子どもは，在籍している保育施設の地域で生活する。そうした場合，保育施設以外の地域資源とかかわりをもつことは，現在および将来にわたる地域生活活動の幅を広げることになる。障害があったとしても楽しむことのできる公園やスポーツ施設，加えて地域には，同じ障害のある子どもをもつ家族の集まりである親の会や障害のあるなしに関係なく参加できる育児サークルなどがある。こうした保護者の子育てにとって有効と思われる地域資源の情報を，必要に応じて保護者に提供することは，保護者の心理的サポー

第3部　家庭・地域との連携　　第11章　障害のある子どもの保護者への支援

トとして有効である（足立，1999）。また障害のある子どもをもつ保護者をクラスや園内のほかの保護者と関係づけることは，障害のある子どもを地域で見守ってもらえる大人を増やすことにつながるのではないだろうか。したがって保育者は，ほかの保護者に対して，必要に応じて，障害のある子どもの理解をうながすための説明などをしていくことが求められることもあるだろう。こうした保護者への支援は，障害のある子どもが，家族はもちろんのこと，地域のいろいろな人たちに見守られながら，育っていくことにつながると考えられるのである。

研究課題

1. 障害のある子どもをもつ保護者と保育者間の子どもの発達期待における差異を考えてみよう。
2. 障害のある子どもをもつ保護者を支援する際に必要な情報には，どのようなものがあるかを検討してみよう。

推薦図書

- 『今どき，しょうがい児の母親物語』　ぽれぽれくらぶ　ぶどう社
- 『保育の場で出会う家族援助論―家族の発達に目をむけて』　松村和子・澤江幸則・神谷哲司（編著）　建帛社
- 『子どもの障害をどう受容するか―家族支援と援助者の役割』　中田洋二郎　大月書店

Column 11
レスパイトサービス

　障害のある子どもをもつ保護者の相談のなかに，きょうだい児の授業参観や冠婚葬祭などに行きたいけれど，子どもを連れて行くには負担が大きい，日常の子育てのストレスがたまりリフレッシュをしたい，大けがをして入院をしなければならなくなったなど，子どもを日中もしくは2，3日，安心して託すことができる場所を探しているということがある。そのような相談に対して，地域にあるレスパイトサービスをしてくれるところを紹介することがある。

　レスパイトとは，英語の「respite」という，もともとの「延期・猶予・一時的中止」という語源から「休息・息抜き」などを意味し，そこからレスパイトサービスは「障害のある人や子どもの家族を，日常的なケアから一時的に解放するためのサービス」と定義されているようである。1970年代後半，在宅障害者・児の家族への地域生活支援体制の1つとして欧米で始まり，日本でも1990年代当初から取り組まれている。

　具体的には「時間預り」や「送迎・移送」，「家庭への援助者の派遣」，「ショートスティ」などのサービスが組み合わされて実施されている。レスパイトサービスの提供事業所は，個人で行なっているところ，保護者や親の会が行なっているところ，社会福祉法人が独自に行なっているところなどさまざまである。

　またレスパイトサービスは，基本的に利用者の意思と生活のスタイルを尊重する「利用者中心のサービス」であり，家族の一時的な介護からの解放だけではなく，障害のある本人に対しての支援として利用されるようになっている。たとえば，外出することが少ない子どもに社会性を身につける機会，家族以外の人と交流の経験をもつ機会などとして利用されることが増えている。

　しかし，レスパイトサービスを提供している事業体の一部には，国の事業である「障害児（者）地域療育等支援事業」や「市町村障害者生活支援事業」などの公的制度を活用してサービスを提供しているところもあるが，それらの制度を活用するためには社会福祉法人などの資格が必要である。そのため個人や親の会などが行なっているサービス提供事業体の多くは，独力でサービスを提供しているのが現状である。

第12章
保護者の声から学ぶ

　この最終章では，障害児をわが子にもった母親，父親の声を通して，これまで本書のなかで学んできた知識を復習してみよう。ここでは，たんに専門的な知識を覚えるのではなく，障害児やその保護者に接するときの感性を磨くことがたいせつになる。時には，理屈では理解できなかったり，他の人にとっては納得いかないことでも，障害児をわが子にもった保護者にとっては「正しい」ことがたくさんある。基礎的な専門知識を学ぶことはもちろんたいせつなことであるが，それだけでは十分ではない。保護者の声に耳を傾けることは，幼稚園や保育所のなかで実践される障害児保育を大きく発展させる。

　ここではとくに，障害児の正しい理解，障害児に対する保育，保護者との連携の3点に着目する。教科書には書かれていないとてもたいせつなことを，保護者の声から学んでほしい。

第3部　家庭・地域との連携　　第12章　保護者の声から学ぶ

1節　障害児の正しい理解

1──障害児をわが子にもつということ

> 10分足らずの診察で下された病名は「自閉症」。
> もう，目の前が真っ暗になりましたよ。
> 涙が止まりませんでした。
> 病院から出て，駅の高架橋を歩いているとき，
> 「ここから飛び降りたら2人で死ねるかしら……」
> なんて考えていました。
> でもそのとき，だっこひもで抱かれている昂平が笑うんですよ。
> その笑顔を見て，この子といっしょに生きていこうと決心をしました。

この文章は，障害児をもつ母親のホームページに公開されたものである。よほど親しい知人以外には語らないような，シビアでプライベートな内容が書かれている（Column12参照）。

わが子が障害児であるということの深刻さは，なかなか他人には理解できない。ふだんは笑顔のすてきな母親だったり，悩みごとがないような明るい性格に見える母親（父親）でも，実際には心のどこかに障害をもったわが子の現在や将来に対する大きな不安があることを，私たちはけっして忘れてはならない。

2──子どもや親を否定する言葉は厳禁

> 私が息子に関することで言われて一番つらかった言葉は「お母さん，お子さんともっとかかわってあげて」でした。ふつうの子どものように反応してくれれば，いくらでもかかわれる。それができないから苦労しているのに，それを先生に言われてしまったら，もう，どうしていいかわからない。母親失格の烙印を押されてしまった気がして，一歩も前に進めなくなってしまいました。

障害児をわが子としてもつことの深刻さを理解したら，次に心がけることは，子どもを否定するような言葉，あるいはその親を否定するような言葉は可能な限り口にしないということである。このことは，障害児に関してだけでなく障害のない子どもたちやその親に対するときにもいえることかもしれない。

子どもや親を否定するのではなく，その存在や考え方を認めてあげ，母親が

笑顔で自信をもって子どもと接することができるように，その手伝いをするつもりで保護者とのコミュニケーションを深めるべきである。

3──専門書を賢く読む

　マスコミうけする「障害児とそれを支える人の美談」ばかりが本になるので，どうしても「理想の障害児像」ができやすいようです。

　障害者は，心がきれいで愛想がよくて，がんばりやさんでなければならないなんて，だれが決めたのでしょうか。健常者のなかにも勤勉な人とそうでない人がいるように，障害者のなかにだって怠け者がいてもいいと思うんですけど。

　初めて障害児に接する学生がつきあたるのは，自分のもっている障害児像と実際の障害児が全然違うという問題である。教科書や母親の手記などを通して障害児の勉強はしているという人でも，実際に障害児を目の前にすると「現実とイメージのギャップ」に戸惑ってしまうかもしれない。

図12-1　障害があっても仲間の一員

　長年，障害児保育の世界で仕事をしてきて感じることは，書店の「障害児保育・教育コーナー」に並んでいる多くの本が，あまりにも障害児に対するひとつのイメージを前提として書かれているという点である。同じ障害があっても，一人ひとりでその子どもがもつ特徴はみんな違うということを忘れないでほしい。

2節　障害児に対する保育

1──健常児と違うところを探すよりも同じところを探す

　保育士さんたちは，「何をしてあげればいいですか？」から始まって「こんな変なこと

するんですけど」「こういう場合はどうなんでしょう」と健常児との差をたくさん見つけてくれます。でも,「差」ではなく「同じところ」を見つけるようにしていただきたいというのが本音です。

　自分が障害児の担当になると,どうしてもその子の「障害」に目がいく。その結果,障害児とまわりの子どもとの違いばかりを探すことになってはいないだろうか？　保育士がこのような状況に陥ると,その子の「障害」ばかりが気になってしまい,「何とかして障害を治してあげよう」と力が入った保育になってしまう。このような状態では,障害をもった子ども自身の負担が増すばかりか,まわりの子どもたちものびのびと生活できなくなってしまう。

　子どもの「障害」を探し着目するのではなく,他の子どもたちと同じところを探し,みんなでいっしょに楽しむことが,障害をもった子どもたちに対しても一番よいことなのである。

2──園で「できること」,家庭で「できること」

　　園で「できること」と家庭で「できること」とは違います。家庭ではどの程度の実力なのか把握しておくと,家庭でもできないことができたとき,保育士の喜びややりがいになると思います。

　子どもたちが「できること」は,環境によって違ってくるということも忘れてはならない。保育所や幼稚園ではどうしてもできないことが,家ではすでにできているということもある。このような情報を保育士がもっているか否かで,その保育のしかたが変わってくるのは当然である。

　逆に,家ではいまだにできていないことが保育所や幼稚園でできるようになったという話もよく聞く。これは,保育士の指導がよかったということもあるだろうし,子ども集団の力という側面もある。

　いずれにせよ,保護者とのコミュニケーションを密にすることにより,園で「できること」と家庭で「できること」とを正しく把握しておく必要がある。

3──障害があっても特別扱いはしない

　　先生たちは熱心ですから,「何かしなければならない」と構えすぎている気がします。いっしょに子どもを育てるために協力しあいましょう,ぐらいの気持ちでいいと思います。

まず，障害児の保育にあたる保育士の方々にお願いしたいことは，指導するのではなく，「導く」というスタイルで子どもたちを見守っていただきたいと思います。

　障害児を目の前にすると，どうしても「何とかしなくちゃ」という気持ちになるのは当然である。しかし，障害があるからといって特別扱いをする必要はない，という意見も最近多く聞かれるようになってきた。たとえば自閉症の子どもの場合，まわりの子どもとのかかわりがなかなか取れない。しかし，無関心に見えても，実際には，子どもはちゃんとまわりのようすを観察している。時には，離れたところで健常児のやっている行動をまねていることもある（たとえば，「ままごと」などの模倣あそび）。子どもを注意深く観察することを積み重ねると，どこがグループのなかに導くよいタイミングなのかということに気づけるようになる。しかし，タイミングを誤ると子どものなかに「いや」という気持ちが強くなって，あそびに加わることがむずかしくなるので慎重に行なう必要がある。

　さらに，「障害児のために，やってあげているんだ」という気持ちがあるうちは障害児とじょうずにコミュニケーションをとることができない，という保育士の声もよく耳にする。一番たいせつなのは，障害を何とかすることではなく，障害児と接する側の意識や態度なのである。

4 ── よい集団づくりが一番の仕事

　　幼少期の子どもの質問は当事者の親からすると残酷な内容もありますが，そのころにきちんと正しいことを教えることによって，学童期に入ってから障害に対して偏見をもつことがないようにしていただきたいと思います。

　まわりの子どもが，障害児に関して「何で，○○君は，いつも△△先生が横にいるの？」とか「どうして○○ちゃんはものがしゃべれないの？」「どうして○○君は耳におもしろい機械（補聴器）をつけているの？」などと質問をしてくることがしばしばある。その質問に対して，きちんと正しく，子どもが偏見をもつことがないように説明できる知識を身につけ，説明できなくてはならない。障害児に対するまわりの子どもたちの適切な理解があって初めて，障害児を含めたよい集団づくりが可能になる。

第3部 家庭・地域との連携　第12章 保護者の声から学ぶ

　ところで，よい集団のなかで生活することが障害児にとって非常に重要であるという事実は，意外と認識されていない。もちろん専門的な訓練も障害を改善させるひとつの手段ではあるが，よい集団のなかで友だちといっしょにさまざまな経験を積むことが，結果的に障害の改善につながることが最近さかんにいわれるようになってきた（渡部，2001参照）。幼稚園教諭や保育士が，障害児に対して日常的にできる最も有効な保育は，「障害児を含めたよい集団づくり」であると筆者は考えている。

図12-2　音楽は大好きなはずだけど……

③節 保護者との連携

1──保護者の要望に耳を傾ける

　　保護者の方々が保育士に求めることも，一人ひとり違ってくると思います。まず，保護者の方がどのようなことを保育所に対して求めているのか，よく話を聞いていただきたいと思います。

　障害児の保護者からの情報は，幼稚園教諭や保育士にとってとてもたいせつなものとなる。子どもの障害について，子どもの家でのようす，専門機関で受けている訓練についてなど，教科書からは得ることのできない知識を保護者との会話から得ることができる。
　子どもの送り迎えのときや保護者との懇談会などで，保護者の意見を聞くチャンスはあるだろう。しかし，保育士が雑用で忙しかったりするとそれは形だけのコミュニケーションになり，保護者が本当に伝えたいことや求めることを聞き出せないことが多い。保護者が本音を気軽に言い出せるように，ふだんから保護者とのコミュニケーションを円滑なものにしておくことが重要である。

2 ── 保護者との二人三脚

　絶対に障害児のお父さん，お母さんに対して「がんばって」という言葉がけはやめていただきたいです。障害児をもつ親は，ここまでの過程で健常児の数倍の労力をかけて育ててきました。他のお母さん方から「がんばってね」といわれたときも，「私は，あなたの数倍も時間をかけてこの子を育ててきたのよ」といつも心のなかで反発し続けてきました。
　同じ声かけをするならば「お母さん，よくここまでがんばってこられましたね」という言葉がけをしてください。そうすると，本当にうれしいものです。私は，この言葉をかけられたとき，よき理解者ができたと思い涙が出ました。

　現在の子どもたちが置かれている環境は，より厳しいものになっている。そして，核家族や共働き家庭が多くなり，幼稚園や保育所の役割がますます重要になってきている。さらに，統合保育という形で，障害児が幼稚園や保育所に通うケースも増えてきた。

　幼稚園教諭や保育士の仕事はどんどん多様になり，困難になり，さらに忙しくなっていることは事実である。幼稚園教諭や保育士は，時に父親や母親の役目まで果たさなければならない。それと同時に，集団生活のルールを子どもたちに教えていかなくてはならない。今後も幼稚園教諭や保育士に求められるものは，いままで以上に重大になってくると思う。たんに「子どもが好きだから……」だけでは務まらなくなっている。しかし，保護者とのコミュニケーションを深めることは，ますますむずかしくなってくる保育を，少しでもよい方向に向けるための大きな助けになるだろう。

　たしかに，幼稚園や保育所のなかで障害児保育を実践していくことは，けっして簡単なことではない。しかし，障害児を子ども集団のなかで保育することにより，障害児自身の発達がうながされるのはもちろん，まわりの子どもたちにとっても非常に有益な経験になる。

　「そういえば僕が子どものころ，とってもすてきな障害をもった友だちと，とってもすてきな先生が

図12-3　運動会もみんなといっしょ

第3部 家庭・地域との連携　第12章 保護者の声から学ぶ

いたなあ」。

　子どもたちが大人になって障害者に出会ったとき，そんなふうに昔を懐かしく思い出してくれるような，子どもたちの心に残る保育士になっていただきたいと思う。

【謝辞】
　本章に掲載させていただいた母親の声は，玉村恵津子さん，荻野ます美さん，北村真紀さん，古浦修子さんからいただいたものです（『自閉症児の育て方―笑顔で育つ子どもたち』（渡部，2004）の一部を引用した）。記して感謝いたします。

研究課題

1. 本として出版されている母親の手記やホームページから「障害を告知されたとき」の気持ちが綴られている箇所を見つけて読み，自分の感想をまとめてみよう。また，それらを持ち寄り，「障害を告知されたとき」の親の気持ちを，みんなで話し合ってみよう。
2. 本として出版されている母親の手記やホームページから「障害児の保育」に関して意見が述べられている箇所を見つけて読み，自分の感想をまとめてみよう。また，それらを持ち寄り，よりよい障害児保育について，みんなで話し合ってみよう。

推薦図書

- 『鉄腕アトムと晋平君―ロボット研究の進化と自閉症児の発達』　渡部信一　ミネルヴァ書房
- 『障害児は「現場（フィールド）」で学ぶ―自閉症児のケースで考える』　渡部信一　新曜社
- 『自閉症児の育て方―笑顔で育つ子どもたち』　渡部信一　ミネルヴァ書房

Column 12
発信を始めた障害児をもつ母親たち

　最近，お母さんやお父さんが障害をもったわが子について書いたホームページをインターネット上に公開することが増えてきた。わが子の障害や日常生活について，世界中に公開している。なかには，障害をもったわが子の写真を掲載しているホームページもある。このようなホームページは，障害児保育を学ぶ私たちにとって，すばらしい教材になる。障害児をわが子にもった親たちの悩みや苦しみなど，本音を知ることができる。

　多くのホームページでは，わが子の障害について親たちが自分自身で勉強し獲得した知識が，とてもわかりやすい表現でまとめられている。これは，専門書を読むよりもわかりやすく，同時に親たちがどのようなことに関心をもっているかを知るうえでもおおいに勉強になる。

　また，ホームページのなかの掲示板やチャットで語られる障害児の親どうしの会話は，さらに保育の役に立つ貴重なものである。障害に関する地域の情報（よい医師や相談施設・訓練施設の情報）から日常生活のちょっとしたことなど，仲間どうしの会話がリアリティをもって知ることができる。

　お母さんやお父さんが障害をもったわが子について書いたホームページを，ぜひとも障害児保育の参考にしていただきたい。

図12-4　障害児をもつ母親のホームページ

付録

「障害児保育」に
求められる新たな方向

本郷一夫

　保育所保育指針と幼稚園教育要領が改定・改訂され，2009（平成21）年4月1日から適用になる。このうち，幼稚園教育要領の改訂は，保育所保育指針の告示化とそれにともなう改定と比べればそれほど大きくない。また，保育所保育指針と幼稚園教育要領において，障害のある子どもの保育の進め方について基本的には同じような方向が示されている。そこで，ここでは主として保育所保育指針に焦点をあてながら，「障害児保育」にかかわる改定のポイントと今後の方向性について考えてみることにする。

1　「障害児保育」の位置づけ

　保育所保育指針において，障害をもつ子どもの保育について，直接言及されているのは，第4章　保育の計画及び評価－1－（3）においてである。ここでは，次のように記述されている。

　　ウ　障害のある子どもの保育
　（ア）障害のある子どもの保育については，一人一人の子どもの発達過程や障害の状態を把握し，適切な環境の下で，障害のある子どもが他の子どもとの生活を通して共に成長できるよう，指導計画の中に位置付けること。また，子どもの状況に応じた保育を実施する観点から，家庭や関係機関と連携した支援のための計画を個別に作成するなど適切な対応を図ること。
　（イ）保育の展開に当たっては，その子どもの発達の状況や日々の状態によっては，指導計画にとらわれず，柔軟に保育したり，職員の連携体制の中で個別の関わりが十分行

えるようにすること。
（ウ）家庭との連携を密にし，保護者との相互理解を図りながら，適切に対応すること。
（エ）専門機関との連携を図り，必要に応じて助言等を得ること。

　また，幼稚園教育要領においては，第3章－第1－2において，次のように記述されている。

（2）障害のある幼児の指導に当たっては，集団の中で生活することを通して全体的な発達を促していくことに配慮し，特別支援学校などの助言又は援助を活用しつつ，例えば指導についての計画又は家庭や医療，福祉などの業務を行う関係機関と連携した支援のための計画を個別に作成することなどにより，個々の幼児の障害の状態などに応じた指導内容や指導方法の工夫を計画的，組織的に行うこと。

　以上から，障害のある子どもの保育を進めるのにあたって，保育所保育指針，幼稚園教育要領で記述されているポイントは，第一に個別の指導計画と支援計画の作成，第二に保護者支援と家庭との連携，第三に専門機関・小学校との連携，の大きく3つにまとめてとらえることができるであろう。以下，各々の点についてみてみよう。

2 個別の指導計画と支援計画の作成

　特別支援教育においては，障害のある子ども一人ひとりの教育的ニーズに応じた支援を効果的に実施することが必要であるという観点から，必要に応じて「個別の教育支援計画」と「個別の指導計画」を策定することが求められている。このうち「個別の教育支援計画」は，乳幼児期から学校卒業後まで一貫した長期的な計画のことである。計画の策定にあたっては，医療・福祉・労働などの関連機関の連携や保護者の参画が求められている。また，「個別の指導計画」は，学校における指導計画や指導内容・方法を盛りこんだものであり，一般に，学期，学年ごとに作成されるものである。特別支援教育は，小学校以降の教育に限定されたものではなく，保育所や幼稚園でも対応が求められるものである。そのような点から，今回の保育所保育指針と幼稚園教育要領の改定・改訂にあたっては，小学校以降の特別支援教育との関連が明確に示されている。

　保育所，幼稚園において，個別の指導計画や支援計画を作成するにあたっては，いくつか留意しておくべき点がある。第一に，子どもの障害や発達の特徴を理解することが重要となる。同じ障害名をもつ子どもでも，状態像や保育の場で抱える困難さは子どもによって異なる。その点をふまえて，子どもの特徴を理解することが

重要となる。

　第二に，子どもを取り巻く人的・物的環境とのかかわりで子どもを理解することが必要である。すべての子どもについて言えることであるが，どのような環境に置かれるかによって，子どもの行動は異なってくる。とりわけ，障害がある子どもでは，ちょっとした刺激が原因で注意が逸れてしまったり，動きが多くなることがある。したがって，保育室の環境やまわりの子どもとの関係が障害のある子どもにどのように影響しているのかという視点から子どもを理解することが重要となる。

　また，指導計画・支援計画の策定にあたっても，注意しておくべき点がある。すなわち，個別の指導計画といっても，障害のある子どもをクラス集団から抜き出して教育するための計画ではないということである。時としては，個別的なかかわりが必要になる場合もあるが，基本的にはクラスのなかで生活し，そのなかで成長・発達していくために何が必要かといった点から計画が立案される必要がある。その点では，個別の指導計画は，クラスなどの指導計画と関連づけておくことが重要となる。

　指導計画に沿って保育を進めるのためには職員間の連携が必要となる。複数担任の場合は，障害児担当の保育士の役割が固定しすぎないように役割分担することも必要になってくるだろう。また，定期的な保育カンファレンスなどを通じて，園全体での共通理解を図りながら取り組むことが重要となる。さらに，後に述べるように，指導計画・支援計画の立案・実施にあたっては，保護者や専門機関と連携していくことも必要となる。

3　保護者支援と家庭との連携

　保育所における保護者への支援は，保育士等の業務であり，その専門性を生かした子育て支援の役割は，とくに重要なものであると位置づけられている。そして，「保育所における保護者に対する支援の基本」（第6章）として，次の7つ（簡略化して表記）が掲げられている。

　　（1）子どもの最善の利益を考慮し，子どもの福祉を重視すること
　　（2）保護者とともに，子どもの成長の喜びを共有すること
　　（3）保育士の専門性や保育所の特性を生かすこと
　　（4）保護者の養育力の向上に資するよう，適切に支援すること
　　（5）相互の信頼関係を基本に，保護者一人一人の自己決定を尊重すること
　　（6）保護者や子どものプライバシーの保護に留意すること
　　（7）地域の子育て支援に関する資源を積極的に活用すること

障害のある子どもの保護者への支援も基本的にこの7つの視点を踏まえて行なわれることになるだろう。しかし，障害のある子どもの保護者は，子どもの発達に応じてさまざまな問題に直面することもある。そのような問題のなかには，保育所・幼稚園の支援だけでは解決しないものも含まれる。その点で，関連機関との連携をふまえた支援が必要となる。ちなみに，障害がある子どもの保護者への支援については，保育所保育指針において，第6章-2で次のように記述されている。

（4）子どもに障害や発達上の課題が見られる場合には，市町村や関係機関と連携及び協力を図りつつ，保護者に対する個別の支援を行うよう努めること。

　ここで示される「個別の支援」を行なうのにあたっては，まず第一に保護者の話に十分耳を傾けることが重要となる。これは保護者支援の基本であるが，子どもの保育がむずかしい場合など，保育所・幼稚園での「問題」を説明するの終始してしまい，保護者の話に耳を傾けることができなくなってしまう場合がある。その点で，保護者が置かれている状況，子どもの発達状況などをふまえ，保護者の不安や悩み，要望を十分聞くことができるような雰囲気と機会を積極的につくることが保護者支援の第一歩となる。

　第二に，保育の中で得られた情報に基づき，子どもの状態と発達の見通しについて保護者にわかりやすく伝えることが重要となる。障害のある子どもの保護者は，子どもの成長に応じて，さまざまな悩みをもつことが多い。現在の子どもの「問題」行動をどのように理解したらよいのか，将来どのように発達していくのかなどについて見通しがもてないこともあるだろう。そのような不安や悩みが，不適切な養育へと発展していくケースもある。そのような点をふまえて，現在の子どもの状態と将来の発達の見通しについて適切な情報が伝達されることが必要となる。

　第三に，地域で利用できる資源についての情報を提供したり，実際に関連機関との連携を進めることが重要となる。また，子どもの問題だけでなく，保護者自身が精神的負担を抱えいる場合なども，専門機関への接続が求められる。たんに専門機関への紹介というだけでなく，時としては保育所・幼稚園が他の専門機関と保護者の橋渡しの役割を果たしていくことも必要となる。

　第四に，保護者との協力関係の形成である。家庭と保育所・幼稚園とでは，子どもの状態像がちがうこともある。その点で，保護者からの情報は子どもを理解するうえで役立つ。また，小学校以降の継続的支援という観点からも，支援計画の策定に保護者が参画するということは重要となってくる。

4 専門機関・小学校との連携

　先に述べたように，障害をもつ子どもの保育を進めるにあたっては，専門機関との連携が重要となる。幼児期では，障害の診断がなされていても，成長とともに状態像が大きく変化してくることもめずらしくない。また，子どもによっては，「ADHD」から「広汎性発達障害」に診断名が変わる場合などもある。したがって，子どもの理解にあたっては，障害名による固定的な理解ではなく，専門機関と連携しながら，生活の場における子どもの姿に基づく保育を進めることが重要となる。また，子どもの年齢が上がるにしたがって，いわゆるヨコの連携に加えてタテの連携，すなわち小学校との連携について検討する必要性が増してくる。

　一般に，保育所や幼稚園での生活は，小学校以降の子どもの生活や学びの基礎となるものであり，障害のある子どもに限らず，保育所・幼稚園と小学校の連携は重要なものである。この点について，保育所保育指針では，次のように記述されている。

　　エ　小学校との連携
　　（ア）子どもの生活や発達の連続性を踏まえ，保育の内容の工夫を図るとともに，就学に向けて，保育所の子どもと小学校の児童との交流，職員同士の交流，情報共有や相互理解など小学校との積極的な連携を図るよう配慮すること。
　　（イ）子どもに関する情報共有に関して，保育所に入所している子どもの就学に際し，市町村の支援の下に，子どもの育ちを支えるための資料が保育所から小学校へ送付されるようにすること。

　ここでは，子どもの育ちを支えていくためには，第一に，保育所や幼稚園と小学校とが互いに理解を深めること，そのためには職員間の研修，子どもたちの積極的な交流などがたいせつであることが示されている。また，（イ）に示されるように，今回の保育指針の改定により，障害をもつ子どもに限らずすべての保育所の入所児童について，保育所から小学校へ，「保育所児童保育要録」（資料参照）を送付することになった。一般に，保育要録は，保育における養護及び教育に関わる5領域の視点をふまえて，各市町村が地域の実状等に即して様式を作成することになっている。

　しかし，障害がある子どもについては，一般的に定められる保育要録の記載事項よりもより詳細な情報伝達が必要となる場合があるだろう。第一に，子どもによっては医学的配慮に関する情報の伝達が必要となるだろう。日常生活での配慮事項，運動の制限，薬の使用などについて情報である。第二に，子どもの過去からの育ちの経過についての情報が必要となる。「保育所児童保育要録」の記載例においては，

「教育に関わる事項」は，主に最終年度（5，6歳）における子どもの心情・意欲・態度等について記載することが示されている。しかし，障害のある子どもについては，現在のようすだけでなく，過去からの発達経過が伝えられることにより，子どもの理解が深まると考えられる。第三に，子どもの得意な点，不得意な点だけでなく，保育者のはたらきかけと子どもの行動との関連に関する情報が伝達されることが望ましい。すなわち，どのような働きかけや配慮をしたときに子どもの生活がスムーズに進行したかといった類の情報である。これによって，小学校以降のより詳細な個別の教育支援計画と個別の指導計画の作成が可能となるであろう。

　なお，保育所・幼稚園から，小学校への情報伝達にあたっては，事前に保護者の了解をとっておくことが重要となる。これは，事前の了解がない場合に，後にトラブルになる危険性があるといった消極的な意味だけではない。事前に，保護者の了解を得ながら，どのような情報を小学校に伝えるのかを協力して整理することは，保護者支援としての意味も大きい。さらに，小学校以降の親子関係の発展，保護者と学校との関係の形成の契機ともなると考えられる。

付録　「障害児保育」に求められる新たな方向

保育所児童保育要録　【様式の参考例】

ふりがな 氏　名		性別		就学先	
				生年月日	平成　　年　　月　　日生

保育所名 及び所在地	(保育所名)	(所在地)〒　　－

保育期間	平成　　年　　月　　日　～　平成　　年　　月　　日　（　　年　か月）

子どもの育ちに関わる事項

　

養護(生命の保持及び情緒の安定)に関わる事項	(子どもの健康状態等)

教育（発達援助）に関わる事項

項目		
健康	・明るく伸び伸びと行動し、充実感を味わう。 ・自分の体を十分に動かし、進んで運動しようとする。 ・健康、安全な生活に必要な習慣や態度を身に付ける。	
人間関係	・生活を楽しみ、自分の力で行動することの充実感を味わう。 ・身近な人と親しみ、関わりを深め、愛情や信頼感を持つ。 ・社会生活における望ましい習慣や態度を身に付ける。	
環境	・身近な環境に親しみ、自然と触れ合う中で様々な事象に興味や関心を持つ。 ・身近な環境に自分から関わり、発見を楽しんだり、考えたりし、それを生活に取り入れようとする。 ・身近な事物を見たり、考えたり、扱ったりする中で、物の性質や数量、文字などに対する感覚を豊かにする。	
言葉	・自分の気持ちを言葉で表現する楽しさを味わう。 ・人の言葉や話などをよく聞き、自分の経験したことや考えたことを話し、伝え合う喜びを味わう。 ・日常生活に必要な言葉が分かるようになるとともに、絵本や物語などに親しみ、保育士や友達と心を通わせる。	
表現	・いろいろなものの美しさなどに対する豊かな感性を持つ。 ・感じたことや考えたことを自分なりに表現して楽しむ。 ・生活の中でイメージを豊かにし、さまざまな表現を楽しむ。	

施　設　長　名		(印)	担当保育士名		(印)

※　「子どもの育ちに関わる事項」は子どもの育ってきた過程を踏まえ、その全体像を捉えて総合的に記載すること。
※　「養護(生命の保持及び情緒の安定)に関わる事項」は、子どもの生命の保持及び情緒の安定に関わる事項について記載すること。また、子どもの健康状態等について、特に留意する必要がある場合は記載すること。
※　「教育に関わる事項」は、子どもの保育を振り返り、保育士の発達援助の視点等を踏まえた上で、主に最終年度(5、6歳)における子どもの心情・意欲・態度等について記載すること。
※　子どもの最善の利益を踏まえ、個人情報保護に留意し、適切に取り扱うこと。

引用（参考）文献

■1章
本吉圓子・無藤隆　2004　生きる力の基礎を育む保育の実践　萌文書林
無藤隆　1992　子どもの生活における発達　東洋・田島信元・繁多進（編）　発達心理学ハンドブック　福村出版　Pp.1083-1103.
無藤隆　2002　認知発達の臨床的意味　田島信元・子安増生・森永良子・前川久男・菅野敦（編）　シリーズ臨床発達心理学〈2〉認知発達とその支援　ミネルヴァ書房　Pp.2-10.
砂上史子・無藤隆　2002　幼児の遊びにおける場の共有と身体の動き　保育学研究，**40**，64-74.
渡部信一　2001　障害児は「現場（フィールド）」で学ぶ―自閉症児のケースで考える―　新曜社

● Column 1
渡部信一　2001　障害児は「現場（フィールド）」で学ぶ―自閉症児のケースで考える―　新曜社

■2章
池田敬正　1986　日本社会福祉史　法律文化社　Pp.533-580.
今塩屋隼男（編）　1998　障害児保育総論　保育出版社
一番ヶ瀬康子・井岡勉・遠藤興一（編）　2001　戦後社会福祉基本文献集13　日本社会事業現代化論　日本図書センター
加藤淳　2007　児童デイサービス事業と障害者自立支援法　障害者問題研究，**35**，205-211.
河相善雄　1998　障害児保育の制度と形態　今塩屋隼男（編）　障害児保育総論　保育出版社　Pp.15-19.
近藤直子　2007　発達支援の視点に立った障害乳幼児療育体系の検討　障害者問題研究，**35**，170-178.
文部省　1978　特殊教育百年史　東洋館出版社
村川浩一　1984　障害乳幼児対策と発達保障の制度　障害児教育実践体系刊行委員会（編）障害児教育実践体系第4巻　乳幼児期　労働旬報社　Pp.23-36.
内閣府　2007　障害者白書平成19年版　佐伯印刷
日本知的障害福祉連盟（編）　2003　発達障害白書2004年版　日本文化科学社
大泉溥　1975　障害児保育　宍戸健夫（編）　児童問題講座　第5巻　保育問題　ミネルヴァ書房　Pp.270-275.
高田正巳　1951　児童福祉法の解説と運用　時事通信社
谷口るり子　1975　障害児保育の課題　田中昌人（編）　児童問題講座　第7巻　障害児問題　ミネルヴァ書房　Pp.47-61.
我妻則明　1985　就学前教育・保育　保育所　日本精神薄弱者福祉連盟（編）　精神薄弱者問題白書1985年版　日本文化科学社　Pp.60-62.
山田美和子　1979　乳幼児期　保育所　日本精神薄弱者福祉連盟（編）　精神薄弱者問題白書1979年版　日本文化科学社　Pp.31-36.

■3章
American Association on Mental Retardation　1992　*Mental Retardation 9th Edition Definition Classification and Systems of Supports.*　茂木俊彦（監訳）　1999　精神遅滞 第9版 定義・分類・サポートシステム　学苑社
American Psychiatric Association　1994　*Diagnostic and Statistical Manual of Mental Disorders Forth Edition.*　髙橋三郎・大野裕・染谷俊幸（訳）　1996　DSM-Ⅳ　精神疾患の診断・統計マニュアル　医学書院
後藤広太郎　2003　さまざまな行動特性をもつ子どもへの配慮　関口はつ江・太田光洋（編）　実践への保育学　同文書院　Pp.161-168.
後藤守・後藤恵美子・金澤克美・帰家大祐・三浦哲・高畠晋・渡辺泰行・小坂千華・木村裕昭・山田浩富　1997　精神発達に遅れをもつ子ども達の生活空間の再構成に関する研究（第1報）　北海道教育大学紀要（第1部C），**47**（2），135-150.
Johnson, W.　1967　*Speech Handicapped School Children.* 3rd ed. New York: Harper & Row. 田口恒夫（訳）　1974　教室の言語障害児　日本文化科学社
北川聡子　2003　知的障害児通園施設　日本知的障害福祉連盟（編）　発達障害白書　2004　日本文化科学社　Pp.43-44.
水口克幸・佐々木浩治　1998　北海道における障害児療育・障害児保育の実態と課題　乳幼児療育研究　第11号

175

Pp.17-25.
札幌市民生局保育部指導課（編集・発行）　1992　はばたき
志村洋　視覚障害　昂地勝人・蘭香代子・長野恵子・吉川昌子（編）　2001　障害特性の理解と発達援助　ナカニシヤ出版　Pp.47-57.
UNESCO　1993　*Teacher education resouce pack student materials: special needs in the classroom.* ユネスコがめざす教育―1人ひとりを大切にした学級経営―　落合俊郎・堀智晴・大屋幸子（共訳）　1997　田研出版

■4章
平山諭・清水良三・朽尾勲（編著）　1995　障害児保育コンセンサス　福村出版　Pp.177-193.
井上孝之　2004　障害児保育の仕組み　柴崎正行・長崎勤・本郷一夫（編）　岸井勇雄・無藤隆・柴崎正行（監）　障害児保育　同文書院　Pp.84-93.
伊勢田亮・倉田新・野村明洋・戸田竜也　2003　障害のある幼児の保育・教育　明治図書　p.136.
伊藤健次（編集代表）　2003　障害のある子どもの保育　みらい　Pp.90-117.
厚生労働省（監修）　2003　厚生労働白書　ぎょうせい　p.477.
厚生労働省　2011　障害児支援の強化について
　　http://www.mhlw.go.jp/public/bosyuu/iken/dl/p20110630-06.pdf（2014年2月検索）
厚生労働省　2012　児童福祉法の一部改正の概要について
　　http://www.mhlw.go.jp/bunya/shougaihoken/jiritsushien/dl/setdumeikai_0113_04.pdf（2014年2月検索）
三浦光哉・井上孝之　2013　小1プロブレムを防ぐ保育活動（理論編）　クリエイツかもがわ　Pp.6-18.
茂木俊彦　1997　統合保育で障害児は育つか―発達保障の実践と制度を考える―　大月書店　Pp.27-31.
文部省　1987　幼稚園における心身に障害のある幼児の指導のために　Pp.18-61.
内閣府　2012　障害者白書　平成24年度版
日本知的障害福祉連盟（編）　発達障害白書2004　日本文化科学社
大川原潔・猪平真理・柴崎正行・鈴木篤　1995　幼稚園と保育所における障害幼児の在園状況に関する比較　帝京平成短期大学紀要，**5**, 71-79.
柴崎正行・井田範美　1982　東京都内の保育園における障害児保育の現状に関する調査　児童研究，**61**, 39-54.
清水貞夫・小松秀茂（編）　1987　統合保育　学苑社　Pp.86-122.
園山繁樹　1996　統合保育の方法論　相川書房　Pp.7-23.
菅井邦明（監修）渡部信一（編）　2000　障害児教育の相談室　ミネルヴァ書房　Pp.196-226.
田淵優　2000　新版障害児の保育と教育　建帛社　Pp.27-38, 78, 99, 146.
寺田晃・佐藤怜（監修）小松教之（編）　1993　障害児の心理　中央法規　Pp.8-11, 131-137.
幼児保育研究会　森上史朗（編）2004　最新保育資料集2004　ミネルヴァ書房　資料 p.42.

■5章
平澤紀子・藤原義博　1997　問題行動を減らすための機能的コミュニケーション訓練　小林重雄（監修）応用行動分析入門　学苑社　Pp.210-220.
長崎勤・佐竹真次・宮崎真・関戸英紀（編著）　1998　スクリプトによるコミュニケーション指導　川島書店
田中教育研究所　1987　田中ビネー知能検査法　田研出版

● Column 5
障害者福祉研究会　2002　ICF国際生活機能分類―国際障害分類改訂版―　中央法規

■6章
村井憲男・村上由則・足立智昭（編著）　2001　気になる子どもの保育と育児　福村出版
村上由則　1997　慢性疾患児の病状変動と自己管理に関する研究　風間書房
村上由則　2006　小・中・高等学校における慢性疾患児への教育的支援　特殊教育学研究，**44**, 145-151.
菅井邦明（監修）2000　障害児教育の相談室　ミネルヴァ書房
鈴木陽子（編著）2004　特別支援教育への扉　八千代出版

引用（参考）文献

◆◆

■7章
藤崎春代・西本絹子・浜谷直人・常田秀子　1992　保育のなかのコミュニケーション―園生活においてちょっと気になる子どもたち―　ミネルヴァ書房
浜谷直人　2002　幼児期の自制心の発達と保育　季刊保育問題研究，**193**, 4-16.
射場美恵子・神田英雄　1997　納得と共感を育てる保育―0歳から就学前までの集団づくり―　新読書社
神田英雄　1997　0歳から3歳―保育・子育てと発達研究をむすぶ―　全国保育団体連合会
茂木俊彦　2003　受容と指導の保育論　ひとなる書房
杉山登志郎・辻井正次　1999　高機能広汎性発達障害―アスペルガー症候群と高機能自閉症―　ブレーン出版
田中昌人・田中杉恵　1986　子どもの発達と診断4　幼児期Ⅱ　大月書店

● Column 7
東京発達相談研究会・浜谷直人（編著）　2002　保育を支援する発達臨床コンサルテーション　ミネルヴァ書房
全障研障害乳幼児施策全国実態調査委員会　2001　自治体における障害乳幼児対策の実態　障害者問題研究，**29** (2), 96-123.

■8章
秦野悦子　言語コミュニケーション障害研究会（編）　1996　「言語コミュニケーション」障害の早期発見　川島書店
秦野悦子　1997　言語障害　前川喜平・三宅和夫（編）　障害児・病児のための発達理解と発達援助：別冊発達 No.22　Pp.240-249.
秦野悦子（編著）　2001a　ことばの発達入門　大修館書店
秦野悦子　2001b　保育園での支援の実際　大石敬子（編）　言葉の障害の評価と指導　10章　大修館書店
秦野悦子　2002a　言語発達支援の現代的問題と支援の場　岩立志津夫・小椋たみ子（編）　言語発達とその支援　ミネルヴァ書房　Pp.140-150.
秦野悦子　2002b　コミュニケーション支援　岩立志津夫・小椋たみ子（編）　言語発達とその支援　ミネルヴァ書房　Pp.273-279.
秦野悦子　2003　幼児期のコミュニケーションの育み―幼稚園・保育園の意義―　教育と医学，21-29.
秦野悦子　2004　幼児の会話におけるトピックの継続　平成13－15年度　研究成果報告書
小山正（編）　2000　言葉が育つ条件　培風館
竹田契一・里見恵子　1994　子どもの豊かなコミュニケーションを築くインリアル・アプローチ　日本文化科学社

■9章
遠城寺宗徳・合屋長英・黒川徹・名和顕子・南部由美子・篠原しのぶ・梁井昇・梁井迪子　1977　遠城寺式乳幼児分析的発達検査法　慶應義塾大学出版会
本郷一夫　2002　現場での支援のための方法の基礎　藤崎眞知代・本郷一夫・金田利子・無藤隆（編著）　育児・保育現場における発達とその支援　ミネルヴァ書房　Pp.63-77.
本郷一夫　2004　保育環境・体制の整備とその方法　柴崎正行・長崎勤・本郷一夫（編著）　障害児保育　同文書院　Pp.137-115.
小枝達也・加我牧子・杉山登志郎・橋本俊顕・原仁・宮本信也（編著）　2002　ADHD, LD, HFPDD, 軽度MR児　保健指導マニュアル―ちょっと気になる子どもたちへの贈りもの―　診断と治療社
仙台市教育センター　2002　通常の学級における注意欠陥／多動性障害（ADHD）児の理解と対応　教育研究紀要（教育はいま），**9**, 49-72.

● Column 9
本郷一夫　2004　2003年度第4回公開講演会　「特別支援教育」が保育現場にもたらすもの　宮城学院女子大学付属発達科学研究所　発達科学研究，**4**, 83-90.
文部科学省　2003　今後の特別支援教育の在り方について（最終報告）

■10章
Caplan, G. 1961 *An Approach to Community Mental Health*. New York: Grune & Stratton. 山本和郎（訳）　加藤正明（監）1968　地域精神衛生の理論と実際　医学書院
Moxley, D. P. 1989 *The Practice of Case Management*. London: Sage. 野中猛・加瀬裕子（監訳）　1994　ケースマネジメント入門　中央法規出版
森啓　2003　「協働」の思想と体制　公人の友社

■11章
足立智明　1999　乳幼児の障害をもつ母親の心理的適応とその援助に関する研究　風間書房
Drotar, D., Baskiewics, A., Irvin, N., Kennel, J. H., & Klaus, M. H. 1975 The adaptation of parents to birth of an infant with a cogential malformation: A hypothetical model. *Pediatrics*, **56**, 710-717.
奇恵英　1996　障害児・者をもつ親の心理特性について―育児における母親のアンビバレントな感情の受容過程―　日本特殊教育学会第34回大会発表論文集，688-689.
中田洋二郎　2002　子どもの障害をどう受容するか―家族支援と援助者の役割―　大月書店
ニコちゃん通信の会　1998　障害児の親ってけっこうイイじゃん　ぶどう社
澤江幸則　2000　障害幼児をもつ父母における子育て充足感についての研究―子どもに対する関係認識と地域資源の利用の関連から―　発達障害研究，**22**，219-229.
澤江幸則　2003　子育てに関する認識変容過程の分析的研究I―療育施設を利用した障害幼児をもつある母親の認識過程―　日本発達心理学会第14回大会発表論文集，294.
澤江幸則　2004　子どもの障害受容に対する親の支援　柴崎正行・長崎勉・本郷一夫（編）　障害児保育　同文書院　Pp. 169-174.

■12章
渡部信一　2001　障害児は「現場（フィールド）」で学ぶ―自閉症児のケースで考える―　新曜社
渡部信一　2004　自閉症児の育て方―笑顔で育つ子どもたち―　ミネルヴァ書房

索引

●あ
アクション・リサーチ的循環　126
足場かけ　107
アスペルガー障害　117
アセスメント　66, 76

●い
移行支援　135, 142
石井亮一　18
いっしょの生活　87, 88
糸賀一雄　20
インリアル（INREAL）アプローチ　110

●う
WISC検査　68
WPPSI検査　66, 68
運動（機能）障害　41, 78, 82, 83

●え
遠城寺式乳幼児分析的発達検査（法）　66, 120

●お
応能負担　26
親行動　147, 149
音声障害　103

●か
絵画語彙検査（PVT）　68
会話　110, 111, 165
学習障害（LD）　117
学習性無力感　70
柏学園　18
柏倉松蔵　18

●き
語り　106, 111
学校教育法　19
活動の中断経験　93
家庭保育論　20
完全統合（保育）　51

吃音　103
弧女学院　18
気になる子ども　55, 57, 90, 96, 97
機能的コミュニケーション指導　73
基本的な生活習慣　54, 61
義務教育　19, 23
虐待　93-95
キャプラン（Caplan, G.）　138
教育投資論　20
きょうだい児　87
共同注意　108
筋ジストロフィー　80

●く
クラス集団　121, 124

●け
ケアマネージャー　140
ケアマネジメント　137, 139, 140, 142
血友病　80, 84
嫌悪事態からの逃避　72
言語　103
言語の行動調整機能　68
言語発達の遅れ　41
健常児との育ち合い　62

●こ
構音障害　103, 113

179

行動観察　　66
広汎性発達障害（PDD）　　96, 117
交流保育　　48, 52
国際障害者年　　23
個人差　　61, 104
言葉の意味理解　　108
言葉の遅れ　　101, 103, 113
言葉の発達　　102, 104, 113
子ども行動　　147, 149
子どもに向けられた発話（CDS）　　110
子どもの理解　　117
子どもらしい生活　　83
子どもらしさの制限　　82, 83
個別の教育支援計画　　128
コミュニケーション　　103, 106-108
コンサルテーション　　137, 138, 142

●さ
在宅障害児　　21
澤江幸則　　146

●し
支援ネットワーク　　139, 140
支援ネットワークの形成　　140
視覚障害　　40
自己効力感　　71
自己刺激機能　　73
自己制御　　110
自傷行動　　73
自制心　　90
自尊感情　　96
肢体不自由児通園施設　　49
叱責経験　　96
失敗体験　　71
指導計画　　117, 124
児童デイサービス事業　　28
児童発達支援センター　　56
児童福祉法　　19, 22, 25

自閉症　　41, 43, 108, 113
社会資源　　132, 139
社会的相互作用　　51
社会の価値観　　40
集団生活への適応支援　　57
重複障害　　35
巡回相談　　99
障害　　5, 11, 38, 76, 104, 160
障害児　　34
障害児通園（デイサービス）事業　　22
障害児通所施設　　49
障害児保育　　27, 34, 40, 128, 132
障害児保育事業　　24, 27
障害児保育事業要綱　　22
障害者自立支援法　　26
障害受容　　145
障害特性　　40, 103
障がいのある子どもと親の会　　20, 21
障害の理解　　53
障害名　　53, 117
情報交換　　55
情報の共有　　134
食物アレルギー　　81, 85
ジョンソン（Johnson, W.）　　38
心身障害児総合通園センター　　23
心身障害児通園事業　　22
腎臓疾患　　79, 85
新版 S-M 社会生活能力検査　　66
新版 K 式発達検査　　66, 67

●す
スキンシップ　　94, 95
スクリプト知識　　107

●せ
生育歴　　53, 66
生活機能分類（ICF）　　76
生活スクリプト　　105, 106

索　引

生活の質（QOL）　85，104
生活リズム　60
成功経験　71
正の反応傾向　70
先行教示　69
全国障害者問題研究会　21

●そ
早期発見・早期療育　21，23
措置制度　25
園山繁樹　48

●た
ダウン症　41，92，93
高木憲次　18
他傷行動　73
龍乃川学園　18
縦の連携　135
田中ビネー知能検査　66
谷口るり子　21
WHO（世界保健機関）　38

●ち
地域資源　153
知的障害児通園施設　49
知的障害（精神遅滞）　41，113
知的（発達の）遅れ　42，65，66，68-70
注意欠陥多動性障害（ADHD）　96，117
注目の獲得　72
聴覚障害　40，41
挑発行動　97
直接教示　69

●て
ティーム保育　55
てんかん　79，85

●と
東京聾唖学校予科　18
統合教育　78
統合保育　15，48，51，78，99
糖尿病　81，84
特別支援学校幼稚部　19，49
特別支援教育　78，128，142
特別な配慮　86
取り出し指導　6
ドロター（Drotar, D.）　145

●な
長野県松本尋常小学校　18
難聴子ども通園施設　49

●に
二次的な障害　10

●ね
ネットワーク　135，136，142

●の
脳性マヒ　79，85，93
ノーマライゼーション　51

●は
配慮すべき子ども　87
秦野悦子　102，104，106
発声・発語　103，109
発達検査　66
発達障害児　90，92，96
発達の理解　53
パニック　90，92-94

●ひ
病弱　78，82，83
平澤紀子　72
びわこ学園　20

181

●ふ
負の反応傾向　70，71
部分統合（保育）　51
プライド　96
分離保育　48

●へ
並行通園　37
並行通園制度　37

●ほ
保育　131
保育環境　59，104
保育カンファレンス　56，126
保育の計画　116，121
保育者の姿勢　57
保育者の役割　136
保育集団　121，125
保育所　24，25，27
保育所等訪問支援　56
保育ニーズ　48，53，55，120
保育目標　48，116，117，122，123
防衛　73
妨害条件　69
ホームページ　165
保護者（親）との連携　12
保護者支援　144，145

本郷一夫　125

●む
無藤隆　5

●も
盲学校及聾啞学校令　18
問題行動　72

●よ
よい集団づくり　161
幼稚園・保育所の役割　83
横の連携　135

●り
理想の障害児像　159
療育　18，131，133，149
療育支援　133
療育システム　132，135，136
療育施設　19

●れ
レスパイトサービス　155

●わ
渡部信一　9

執筆者一覧

■編集委員──民秋　言（白梅学園大学名誉教授）
　　　　　　小田　豊（聖徳大学）
　　　　　　栃尾　勲
　　　　　　無藤　隆（白梅学園大学）

■編　者──渡部信一・本郷一夫・無藤　隆

【執筆者】(執筆順)

無藤　隆　（編者）	第1部	第1章, Column 1
李木　明徳　（広島文教女子大学）	第1部	第2章, Column 2
植木　克美　（北海道教育大学）	第1部	第3章, Column 3
井上　孝之　（岩手県立大学）	第2部	第4章, Column 4
小池　敏英　（東京学芸大学）	第2部	第5章, Column 5
村上　由則　（宮城教育大学）	第2部	第6章, Column 6
村上　頼子　（盛岡市・滝沢市精神発達相談専門員）	第2部	第6章, Column 6
浜谷　直人　（首都大学東京）	第2部	第7章, Column 7
秦野　悦子　（白百合女子大学）	第2部	第8章, Column 8
本郷　一夫　（編者）	第2部	第9章, Column 9
		付録
末永カツ子　（東北大学）	第3部	第10章, Column 10
澤江　幸則　（筑波大学）	第3部	第11章, Column 11
渡部　信一　（編者）	第3部	第12章, Column 12

編者紹介

渡部信一（わたべ・しんいち）
 1957年　宮城県に生まれる
 1983年　東北大学大学院教育学研究科博士課程前期修了，博士（教育学）
 現　在　東北大学大学院教育情報学研究部教授
〈主　著〉鉄腕アトムと晋平君―ロボット研究の進化と自閉症児の発達―　ミネルヴァ
    書房　1998年
   障害児は「現場」で学ぶ―自閉症児のケースで考える―　新曜社　2001年
   自閉症児の育て方―笑顔で育つ子どもたち―（編著）ミネルヴァ書房　2004年
   ロボット化する子どもたち―「学び」の認知科学―　大修館書店　2005年
   「学び」の認知科学事典（編）　大修館書店　2010年

本郷一夫（ほんごう・かずお）
 1955年　埼玉県に生まれる
 1984年　東北大学大学院教育学研究科博士課程後期単位取得退学，博士（教育学）
 現　在　東北大学大学院教育学研究科教授
〈主著・論文〉能力という謎（編著）　ミネルヴァ書房　1998年
   育児・保育現場における発達とその支援（編著）ミネルヴァ書房　2002年
   保育所における「気になる」子どもの行動特徴と保育者の対応に関する研究
    発達障害研究　第25巻　Pp.50-61.　2003年
   保育の場における「気になる」子どもの理解と対応―特別支援教育への接続―
    ブレーン出版　2006年
   発達心理学―保育・教育に活かす子どもの理解―　建帛社　2007年

無藤　隆（むとう・たかし）
 1946年　東京都に生まれる
 1977年　東京大学教育学研究科博士課程中退
    お茶の水女子大学生活科学部教授を経て，
 現　在　白梅学園大学教授
〈主　著〉知的好奇心を育てる保育　フレーベル館　2001年
   学校のリ・デザイン　東洋館出版社　2001年
   現場と学問のふれあうところ　新曜社　2007年
   保育実践のフィールド心理学（新　保育ライブラリ）（共編著）　北大路書房
    2009年
   幼児教育の原則　ミネルヴァ書房　2009年
   むすんでみよう　子どもと自然（共編著）　北大路書房　2010年

新 保育ライブラリ　保育の内容・方法を知る
障害児保育［新版］

2014年 3 月10日　初版第 1 刷印刷　　定価はカバーに表示
2014年 3 月20日　初版第 1 刷発行　　してあります。

　　　　　　編 著 者　　渡 部 信 一
　　　　　　　　　　　　本 郷 一 夫
　　　　　　　　　　　　無 藤　　隆

　　　　　　発 行 所　　㈱北大路書房
　　　　　　〒603-8303　京都市北区紫野十二坊町 12-8
　　　　　　　　　電 話　(075) 4 3 1 - 0 3 6 1 ㈹
　　　　　　　　　ＦＡＸ　(075) 4 3 1 - 9 3 9 3
　　　　　　　　　振 替　01050-4-2083

Ⓒ2014　　　　　　　　印刷・製本／創栄図書印刷㈱
検印省略　落丁・乱丁本はお取り替えいたします。
　　　ISBN978-4-7628-2836-2　　　Printed in Japan

・ JCOPY 〈㈳出版者著作権管理機構 委託出版物〉
本書の無断複写は著作権法上での例外を除き禁じられています。
複写される場合は，そのつど事前に，㈳出版者著作権管理機構
(電話 03-3513-6969,FAX 03-3513-6979,e-mail: info@jcopy.or.jp)
の許諾を得てください。